El
VIAJE
Del
ÉXITO

JOHN C. MAXWELL

BETANIA

Un Sello de Editorial Caribe

Betania es un sello de Editorial Caribe

© 2000 Editorial Caribe
Una división de Thomas Nelson, Inc.
Nashville, TN—Miami, FL (EE.UU.)

email: editorial@editorialcaribe.com
www.caribebetania.com

Título en inglés: *The Success Journey*
©1997 Maxwell Motivation, Inc., a California Corporation
Publicado por Thomas Nelson, Inc

Traductor: Pedro Vega

ISBN: 0-88113-603-4

Impreso en EE.UU.
Printed in U.S.A.

Contenido

PRÓLOGO

Me parece que la mayoría de las personas sencillamente deja que su vida transcurra. Sin embargo, unos pocos —muy pocos— deciden lo que les sucederá en la vida. ¡Mantenerse con vida no es suficiente! De su inspiradora y significativa experiencia ministerial, John Maxwell nos presenta enseñanzas muy prácticas sobre el modo de hacer con la vida algo más que dejar que simplemente pase.

John Maxwell ha estado suficiente tiempo en el ministerio para saber que mucha gente está buscando un viaje exitoso por la vida. En las siguientes páginas, encontramos sus profundas y útiles ideas sobre esto.

En su exitosa novela, *The Accidental Tourist* [El turista accidental] —de la que luego se hizo una película— Anne Tyler cuenta de una joven pareja cuyo único hijo es asesinado. Esto, por supuesto, los afecta muchísimo. Los aparta cada vez más. Finalmente, están a punto de la separación legal. La esposa de la historia, muy exasperada, le dice a su marido: «Nada te conmueve. Solo te dejas arrastrar por la vida». Él guarda silencio largo rato y entonces, más para sí mismo que para ella, responde quedamente: «No me dejo arrastrar. Solo soporto».

John Maxwell y yo hemos descubierto que hay muchas personas que enfrentan la vida de esta misma forma. Lo que usted leerá en este libro es la fórmula de Maxwell para el «viaje del éxito». ¡Bárbaro! John bosqueja de un modo claro e inspirador el proceso de vivir sus sueños. Quizás ustedes sepan que creo profundamente que el poder más grande en el mundo es el poder de pensar que hay posibilidades. Si su sueño ha venido de Dios, lo que usted necesita es ejercer este poder que hace milagros, y puede alcanzar esa meta aparentemente inalcanzable. John Maxwell nos dice cómo lograrlo.

Primero, usted encuentra su sueño, su propósito, su meta y luego crece dentro de ese sueño y descubre su máximo potencial. En el proceso usted toca, de un modo positivo y redentor, la vida de otras personas que comienzan a encontrar el poder de un sueño y el mapa para un viaje exitoso por la vida.

Tengo plena confianza que con este libro, nacido del corazón de un gran pastor y visionario, usted está a punto de hacer un viraje en su vida que lo llevará por el exitoso viaje de vivir sus sueños. Es un viraje que lo llevará del desaliento y la casi derrota, al optimismo y a victorias inesperadas. Pasará de un nivel de éxito a otro, hasta los niveles de realización más altos que jamás haya soñado. Los principios para el viaje del éxito están aquí y son fantásticos. ¡Léalos! ¡Créalos! ¡Aplíquelos! ¡Trabajarán si usted trabaja con ellos!

Robert H. Schuller
Catedral de Cristal
Garden Grove, California

Quiero dar gracias de corazón a las siguientes personas...

A mi esposa Margaret, que siempre me da valiosas sugerencias para mis libros y me ayuda a recordar importantes detalles que de otro modo olvidaría. Mi viaje ha sido un éxito porque ella es parte de mi vida.

A Linda Eggers, mi excelente asistente, quien trabaja incansablemente sin fanfarrias ni reconocimientos, sin embargo, es siempre un miembro valioso del equipo y una parte integral de cada proyecto que emprendo.

A Stephanie Wetzel, que lee cada palabra de cada manuscrito con ojo agudo y siempre da ideas y ejerce su destreza editorial.

A Charlie Wetzel, quien hace la investigación y la redacción. Cuando comenzamos juntos, éramos pastor y laico. Ahora somos amigos y colegas. Él es una valiosa extensión de mi trabajo y llamamiento, y me ha elevado a un nivel más alto.

capítulo 1

El viaje es más divertido si sabe hacia dónde va

Hace varios años, mientras hojeaba la revista *Success* [Éxito], encontré un estudio que hizo Gallup -organización dedicada a hacer investigaciones- acerca de lo que la gente piensa que es el éxito. Esto me llamó la atención pues siempre me he interesado por ayudar a que otros alcancen el éxito, y quería saber lo que Gallup había recogido en su encuesta. Las respuestas se dividían en doce categorías, pero la respuesta número uno era «buena salud». El cincuenta y ocho por ciento de las personas identificaban esto con el éxito, por sobre cualquier otra cosa. No sé qué piensa usted, pero yo valoro la buena salud, y he tenido la bendición de gozarla. Pero si tuviera solo buena salud y nada más, no sé si diría que he tenido éxito.

He descubierto que frecuentemente a la gente se le hace difícil definir el éxito. Pero si no sabe lo que es el éxito, ¿cómo va a alcanzarlo? Por eso quiero ayudarle a identificar una definición de éxito que le ayude: el éxito es un viaje.

Permítame comenzar a ilustrarlo contándole una historia. Hace algunos meses, estaba frente a los setenta y cuatro empleados de INJOY -la organización que fundé en 1985 para enseñar liderazgo y desarrollo personal- y me preparaba para darles algunas noticias que sabía iban a ser estimulantes para algunos y desalentadoras para otros. Les iba a decir que dentro de un año mudaríamos la empresa desde San Diego, California a Atlanta, Georgia.

Dick Peterson -el presidente de INJOY- y yo habíamos estado conversando por cerca de seis meses sobre la posibilidad de mudar la empresa. Había comenzado como una conversación causal del tipo «Y qué si...», pero después empezamos a darle un pensamiento más serio. Pesamos las ventajas y pedimos a nuestro director de finanzas que hiciera algunos cálculos. Conversamos sobre las oportunidades que nos traería. Y finalmente concluimos que la mudanza a Atlanta hacía sentido en términos profesionales, logísticos y económicos. Sabíamos que si queríamos alcanzar un nuevo nivel de crecimiento y desarrollo, no solo como empresa, sino como individuos, necesitábamos hacer el cambio.

Esa fue una decisión muy difícil en muchos aspectos. Nunca esperé salir de San Diego. Desde el día que nos mudamos aquí desde Indiana, mi esposa Margaret y yo sentimos que estábamos en casa. Es el único hogar que nuestros hijos, Elizabeth y Joel Porter, han conocido. Pero a pesar de lo mucho que nos gustaba vivir en San Diego, estábamos dispuestos a hacer el sacrificio de mudarnos para alcanzar un mayor éxito.

Nuestra preocupación más grande era la gente del equipo de INJOY. No sabíamos cómo reaccionarían. San Diego es una de las ciudades más hermosas del país, y el clima es perfecto. Muchos de nuestros empleados eran oriundos de San Diego, y tenían muchas razones para quedarse en su ciudad.

Mientras me preparaba para hablar a los empleados, había una energía ruidosa en la sala. No nos habíamos reunido como grupo en casi un año, y podía ver el entusiasmo y la expectación en muchos rostros.

«Compañeros, quiero que me presten atención», comencé. «Tengo una importantísima noticia que darles. En un año, a partir de este momento, estaremos mudando a INJOY para Atlanta». Pude observar toda una gama de reacciones. Algunos parecían escandalizados. Otros, se veían como si les hubiesen dado un golpe en el estómago. Jayne Hansen, una de nuestras mejores representantes de servicio al cliente, tenía los ojos muy abiertos, el mentón caído y tosió cada ocho a diez segundos durante el primer minuto que hablé. Nuestros gerentes dieron muestras de alivio: habían guardado el secreto durante semanas.

Durante cincuenta y cinco minutos, Dick Peterson y yo explicamos todas nuestras razones para la mudanza, dimos estadísticas e informaciones sobre Atlanta, les mostramos un video de la Cámara de Comercio de Atlanta. Les dijimos que todo el que quisiera ir a Atlanta tendría trabajo en cuanto llegara. Luego presentamos a dos personas que habíamos traído de la mejor agencia de bienes raíces de esa ciudad para contestar preguntas.

DISPOSICIÓN DE EMPRENDER EL VIAJE

No estábamos seguros de la reacción que tendría nuestro personal. Estábamos proponiendo una mudanza que cambiaría radicalmente sus vidas. ¡Qué sorpresa cuando más del 90% del grupo dijo que se mudaría o por lo menos consideraría la mudanza a Atlanta! Estaban dispuestos a emprender el viaje.

Esto me puso a pensar. ¿Por qué tantos de ellos estaban dispuestos a ser desarraigados, dejando todo lo que les era familiar, incluyendo a familiares y amigos, para mudarse al otro extremo del país? Llegué a la conclusión que estaban dispuestos a ir por cuatro razones:

1. Les dimos un cuadro del lugar al que iban

Mientras Dick, los dos agentes de bienes raíces y yo hablamos a nuestra gente, les dimos un cuadro de nuestro futuro en Atlanta: el ambiente positivo de trabajo, el mayor número de vidas que podríamos alcanzar, la mejor calidad de vida y la oportunidad que como empresa tendríamos para ascender a un nuevo nivel. Podían verlo todo, los beneficios personales y los de la empresa.

2. Respondimos sus preguntas

La perspectiva de emprender un viaje puede crear inseguridad y provocar numerosas preguntas. Nuestra gente quería saber dónde localizaríamos las oficinas, cómo eran las escuelas de Atlanta, cómo era el mercado de bienes raíces, las atracciones culturales y de diversión disponibles en la ciudad, la estructura estatal de impuestos, y así sucesivamente. En esa primera reunión, pudimos responder casi todas sus preguntas.

3. Habían experimentado el éxito personal en sus vidas

Como equipo, INJOY tenía éxito, y lo mismo ocurría con las personas. Eran responsables del éxito de la empresa y al mismo tiempo disfrutaban de los frutos de ese éxito. Tenían el sentido de propósito. Estaban creciendo personalmente. Y estaban ayudando a otros.

4. Ya no eran los de antes y querían seguir teniendo importancia

Un par de semanas antes del anuncio de la mudanza, oí a Patty Knoll, una de nuestras empleadas, decir: «Me gusta trabajar en INJOY, y ayudar a tantas personas a través de lo que hacemos. No puedo imaginarme trabajando en otro lugar». Cuando una persona ha probado el éxito y se da cuenta que sus esfuerzos son importantes, es algo que jamás olvida y que nunca quiere dejar. El hacer la diferencia en la vida de otros, cambia su perspectiva de la vida y sus prioridades.

Quizás se esté diciendo: «¡Fantástico! Qué bueno que su gente quiera mudarse a Georgia. Pero, ¿qué tiene que ver eso conmigo? ¡Yo no voy en ese viaje a Atlanta! ¿Y qué de la definición de éxito?»

Es cierto que usted no se va a mudar para Atlanta, pero se está preparando para irse en un viaje -el viaje del éxito- y ese viaje tiene el potencial de llevarlo muy lejos, quizás más lejos que lo que usted ha soñado. Para emprenderlo, usted necesitará las mismas cosas que necesitó el personal de INJOY: un cuadro del lugar al que va, respuestas a sus preguntas sobre el éxito, conocimiento de lo que es el éxito, y la capacidad de cambiar y seguir creciendo.

El éxito es para todos

Mi deseo es proveerle estas herramientas en este libro. Quiero ayudarle a descubrir su cuadro personal del éxito, enseñarle lo que significa estar en el viaje hacia el éxito, responder muchas de sus preguntas, y equiparlo con lo que necesitará para cambiar y seguir creciendo. En el proceso, usted descubrirá que el éxito es para todos: el ama de casa y el hombre de negocios; el estudiante y el que está próximo al retiro; el atleta y el pastor de una iglesia local; el obrero y el empresario.

El cuadro tradicional del éxito

El problema para la mayoría de las personas que quieren ser exitosas *no* es que no puedan alcanzar el éxito. El principal obstáculo es que lo entienden mal. Maltbie D. Babcock dijo: «Uno de los errores más comunes, y el más costoso, es pensar que el éxito se debe a algún genio, a algo mágico o alguna otra cosa que no poseemos».

¿Qué es el éxito? ¿Cómo es? La mayoría tiene un cuadro vago de lo que significa ser una persona de éxito y se parece a algo como esto:

**La riqueza de Bill Gates,
el físico de Arnold Schwarzenegger,
(o de Cindy Crawford),
la inteligencia de Albert Einstein,
la habilidad deportiva de Michael Jordan,
las proezas comerciales de Donald Trump,
la gracia y presencia social de Jackie Kennedy,
la imaginación de Walt Disney y
el corazón de la madre Teresa.**

Eso suena absurdo, pero está más cerca de la verdad de lo que nos gustaría admitir. Muchos de nosotros visualiza el éxito con parecerse a otra persona. Pero es obvio que usted y yo no podemos ser algo distinto de lo que somos, y especialmente no podemos ser ocho personas. Más importante que esto: no debe desear tal cosa. Si trata de ser como una de esas personas, usted no tendría éxito. Sería una mala imitación de ellos, y eliminaría la posibilidad de ser la persona que *usted* debe ser.

Cuadro erróneo del éxito

Aun si evita la trampa de pensar que el éxito consiste en ser como otra persona, todavía podría tener un concepto erróneo de lo que es. Francamente, la mayoría de las personas lo mal interpreta. Lo identifican -por error- con algún logro, con alcanzar una meta o cumplir un objetivo. A continuación los conceptos erróneos más comunes acerca del éxito:

Riqueza

Posiblemente, el malentendido más común sobre el éxito es pensar que es lo mismo que tener dinero. Muchas personas creen que si acumulan riquezas, serán exitosos. Pero la riqueza no produce satisfacción ni éxito.

Al empresario John D. Rockefeller, un hombre tan rico que regaló más de 350 millones de dólares durante su vida, se le preguntó una vez cuánto dinero necesitaría para quedar satisfecho. Su respuesta: «Solo un poco más». El rey Salomón, del antiguo Israel, de quien no solo se dice fue el hombre más sabio sino también el hombre más rico que haya existido, afirma: «Quien ama el dinero, de dinero no se sacia.Quien ama las riquezas nunca tiene suficiente».

En el mejor de los casos, la riqueza y lo que esta trae, son cosas fugaces. Por ejemplo, en 1923, un pequeño grupo de los hombres más ricos del mundo se reunieron en el Hotel Edgewater Beach de Chicago, Illinois. Eran la elite de la riqueza y del poder. En aquel tiempo, ellos controlaban más dinero que la cantidad total existente en el Tesoro de los Estados Unidos. Esta es una lista de los que estuvieron allí y lo que a la larga les ocurrió:

- Schwab, presidente de la industria independiente de acero más importante: murió en la bancarrota.
- Arthur Cutten, el más grande de los especuladores de trigo: murió insolvente en el extranjero.
- Richard Witney, presidente de la Bolsa de Valores de Nueva York: murió poco después de ser puesto en libertad de la prisión de Sing Sing.
- Albert Fall, miembro del gabinete de un presidente de los Estados Unidos: se le indultó de la prisión para que muriera en su hogar.
- Jess Livermore, el «oso» más grande de Wall Street: se suicidó.

- Leon Fraser, presidente del Bank of International Settlements: se suicidó.
- Ivar Kreuger, jefe del monopolio más grande del mundo: se suicidó.

Hasta el millonario griego, Aristóteles Onassis, que conservó su riqueza y murió a edad avanzada, reconoció que el dinero no es equivalente al éxito. El sostuvo que «después que llegas a cierto punto, el dinero pierde importancia. Lo que importa es el éxito».

Un sentimiento especial

Otro concepto equivocado es que una persona ha alcanzado el éxito cuando se siente exitosa o feliz. Pero tratar de sentir el éxito es probablemente más difícil que tratar de hacerse rico. Miremos, por ejemplo, al magnate de bienes raíces Donald Trump. Él dijo: «La verdadera medida del éxito es cuán feliz eres. Tengo muchos amigos que no tienen mucho dinero, pero son mucho más felices que yo, de modo que puedo decir que probablemente son más exitosos». Trump, a quien muchos consideran exitoso, cree que la felicidad es el éxito. Quizás sus felices amigos piensen que *él* es quien ha tenido éxito. Esta creencia demuestra que muchas personas igualan el éxito con lo que no tienen.

La búsqueda continua de la felicidad es una de las principales razones por la que muchas personas se sienten miserables. Si haces de la felicidad tu meta, estás destinado a un fracaso seguro. Estarás continuamente en una montaña rusa, y pasarás del éxito al fracaso con cada cambio de humor. La vida es incierta y las emociones inestables. No se puede descansar en la felicidad como la medida del éxito.

> ## Si hace de la felicidad su meta, ciertamente está destinado a fracasar

Posesiones específicas y valiosas

Piense en el pasado, en su niñez. Es posible que haya habido momentos en los que deseó algo con todo el corazón, y creyó que si lo obtenía, esto haría una diferencia importante en su vida. Para mí, fue una bicicleta Schwinn color vino tinto y plateada. Cuando tenía nueve años, lo que estaba de moda en el vecindario era hacer carreras en bicicleta. Teníamos carreras cortas para decidir quien era el más veloz y hacíamos rampas de madera para ver quién saltaba más lejos. Algunos sábados hacíamos un mapa con una ruta a campo traviesa que nos llevaba a recorrer media ciudad de ida y vuelta. ¡Qué bien la pasábamos con nuestras bicicletas!

En aquel tiempo, corría una bicicleta vieja que había sido de mi hermano Larry, y tenía problemas para mantenerme en línea con algunos de los niños que tenían bicicletas más nuevas. Imaginaba que si tenía esa bicicleta Schwinn nueva, podría estar entre los mejores. Tendría la bicicleta más nueva, más rápida y más linda de todos mis amigos, y los haría tragar el polvo que levantaría.

En la mañana de Navidad de ese año, cuando fui a mirar lo que había en el árbol, tuve una visión de lo que debía ser una bicicleta. Eso era antes, cuando las bicicletas eran bicicletas. Eran sólidas como tanques. Y la mía tenía todo lo que pudiera desear: faldones en los tapabarros, cromo, campanillas, luces: una joya. Por un tiempo estuve feliz. Amé esa bicicleta y pasé largas horas corriéndola. Pero pronto descubrí que no me dio el éxito ni la satisfacción que había deseado y esperado.

Ese proceso se ha repetido muchas veces en mi vida. Descubrí que el éxito no llegó cuando fui titular del equipo de baloncesto del colegio, ni cuando fui presidente del centro de estudiantes de la universidad, ni cuando compré mi primera casa. Nunca ha llegado como resultado de poseer algo que deseé. En el mejor de los casos, las posesiones son un activo temporal. El éxito no se alcanza ni se mide de esa manera.

Poder

Charles McElroy bromeó en una ocasión: «El poder es usualmente reconocido como un excelente antidepresivo de corta duración». Esa afirmación contiene una gran dosis de verdad, pues el poder suele dar la apariencia de éxito, pero aún así, es solo transitoria.

Quizás haya escuchado antes la cita del historiador inglés Lord Acton: «El poder tiende a corromper; el poder absoluto corrompe absolutamente». Abraham Lincoln hizo eco de esa creencia cuando dijo: «Casi todo hombre puede resistir la adversidad, pero si quieres probar el carácter de un hombre, dale poder». El poder es realmente una prueba de carácter. En manos de una persona íntegra, es un gran beneficio; en manos de un tirano, causa una terrible destrucción. En sí mismo, el poder no es positivo ni negativo. No es fuente de seguridad ni de éxito. Además, todos los dictadores -aun los benevolentes- eventualmente pierden el poder.

Logro

Muchos tienen lo que llamo la «enfermedad del destino». Creen que si llegan a alguna parte-obtienen una posición, alcanzan una meta o tienen una relación con la persona adecuada-serán exitosos. En algún momento, tuve una opinión similar del éxito. Lo definía como el logro de una meta predeterminada que valía la pena. Pero con el paso del tiempo comprendí que esa definición se quedaba corta.

No hay dos personas que tengan el mismo cuadro de lo que es el éxito

El simple hecho de alcanzar unas metas no garantiza el éxito ni la satisfacción. Mire lo que ocurrió con Michael Jordan. Hace unos años atrás, decidió retirarse del baloncesto, diciendo que había logrado todas las metas que se había propuesto. Entonces se fue a jugar béisbol en las ligas menores, pero no por mucho tiempo. No podía estar alejado del baloncesto. *Jugar el* juego, estar en medio de la acción, era lo importante. ¿Puede verlo? El éxito no es una lista de metas que se van tachando una tras otra. No es llegar a un destino. El éxito es un viaje.

El cuadro correcto del éxito

Entonces, ¿cómo iniciar el viaje del éxito? ¿Qué se necesita para ser exitoso? Se necesitan dos cosas: el cuadro correcto del éxito y los principios correctos para alcanzarlo.

No hay dos personas que tengan el mismo cuadro de lo que es el éxito porque hemos sido creados diferentes, somos individuos únicos. Sin embargo, el proceso es el mismo para todos. Se basa en principios que no cambian. Después de más de veinticinco años de conocer a gente exitosa y de estudiar el tema, he definido el éxito de la siguiente manera:

> # Nunca agotará la capacidad de crecer en pos de su potencial ni agotará las oportunidades de ayudar a otros

Éxito es...
> *Conocer su propósito en la vida,*
> *crecer para alcanzar su máximo potencial, y*
> *sembrar semillas que beneficien a los demás.*

Con esta definición usted puede ver por qué el éxito es más un viaje que un destino. No importa cuánto viva ni lo que haya decidido hacer en la vida, nunca agotará la capacidad de crecer en pos de su potencial ni agotará las oportunidades de ayudar a otros. Cuando ve el éxito como un viaje, nunca tendrá el problema de tratar de «llegar» a un engañoso destino final. Y nunca se encontrará en una posición donde haya alcanzado una meta, solo para descubrir que aún está insatisfecho y buscando algo más que hacer.

Otro beneficio de enfocarse en el viaje del éxito en lugar de en llegar a un destino o en lograr una meta es que usted tiene el potencial de ser exitoso hoy. Usted alcanza el éxito en el mismo momento en que hace el cambio para descubrir su propósito, crecer en su potencial y ayudar a otros. Usted es exitoso ahora mismo, no es algo que espera lograr algún día.

Para que pueda captar mejor estos aspectos del éxito, démosle un vistazo a cada uno de ellos:

Conocer su propósito

Nada puede tomar el lugar del conocimiento del propósito. El millonario industrial Henry J. Kaiser -fundador de Kaiser Aluminium y del sistema de cuidado de salud Kaiser-Permanente- dijo: «Hay una abrumadora evidencia que indica que no puedes comenzar a lograr lo mejor de ti a menos que hayas establecido algún objetivo para tu vida». Dicho de otro modo, si usted no trata activamente de descubrir su propósito, posiblemente gaste el resto de su vida cometiendo errores.

Creo que Dios hizo a cada persona con un propósito. Según el psicólogo Víctor Frankl: «Cada uno tiene su vocación o misión específica en la vida. Cada cual tiene que llevar a cabo una tarea concreta que exige cumplimiento. En esto la persona no puede ser reemplazada ni se puede repetir su vida. Por lo tanto, la tarea de cada uno es tan única como específica la oportunidad para realizarla». Cada uno tiene un propósito para el cual fue creado. Nuestra responsabilidad -y nuestro mayor gozo- es identificarlo.

A continuación algunas preguntas que usted puede hacerse para identificar su propósito:

¿Qué estoy buscando? Todos tenemos un poderoso deseo en lo profundo de nuestro corazón, algo que afecta nuestros pensamientos y sentimientos más íntimos, algo que enciende nuestras almas. Algunas personas, desde niños, tienen una fuerte sensación de lo que se trata. A otros, les lleva media vida llegar a descubrirlo. Pero no importa lo que sea, está allí. Usted solo tiene que encontrarlo. (En el próximo capítulo hablaré más sobre el desarrollo del sueño que tiene en su interior).

¿Por qué fui creado? Cada uno de nosotros es diferente. Nadie más en el mundo tiene exactamente los mismos dones, talentos, antecedentes o futuro. Esa es una de las razones por la que sería un grave error tratar de ser alguien distinto a quien usted es.

Piense en su combinación única de capacidades, en los recursos que tiene a su disposición, en su historia personal y las oportunidades que le rodean. Si identifica objetivamente estos factores y descubre el deseo de su corazón, habrá hecho mucho por descubrir su propósito en la vida.

¿Creo en mi potencial? Usted no puede actuar consistentemente en una manera que contradiga la imagen que tiene de sí mismo. Si no cree tener un potencial, nunca tratará de ponerlo

en funcionamiento. Si no está dispuesto a trabajar para alcanzar su potencial, no tendrá éxito.

> ## La respuesta a la pregunta «¿cuándo empiezo?» es AHORA.

Debe tomar en cuenta el consejo del presidente Teodoro Roosevelt, quien dijo: «Haz lo que puedas, con lo que tienes, donde estás». Si usted hace esto con sus ojos puestos en el propósito de su vida, ¿qué más se puede esperar de usted?

¿Cuándo empiezo? Algunas personas viven sus vidas de día en día, permitiendo que otros dicten lo que hacen y cómo deben hacerlo. Nunca tratan de descubrir el verdadero propósito para su vida. Otros conocen su propósito, sin embargo, nunca actúan en conformidad con él. Esperan la inspiración, el permiso o la invitación para comenzar. Pero si esperan mucho, nunca se van a poner en marcha. Así que la respuesta a la pregunta «¿cuándo empiezo?» es AHORA.

Cómo cultivar su potencial

El novelista H. G. Wells sostuvo que la riqueza, la notoriedad, la posición y el poder no son de ningún modo una medida para el éxito. La única medida verdadera del éxito es la relación entre lo que podríamos haber sido y lo que hemos llegado a ser. En otras palabras, el éxito viene como resultado de la manera en que cultivamos nuestro potencial.

Se ha dicho que nuestro potencial es lo que Dios nos ha regalado, y lo que hacemos con él es nuestro regalo a Dios. Pero al mismo tiempo, nuestro potencial es probablemente el recurso sin utilizar más grande que tenemos. Henry Ford señaló: «No hay hombre viviente que no pueda hacer más de lo que piensa que puede».

Tenemos un potencial casi ilimitado, sin embargo, son muy pocos los que procuran alcanzarlo. ¿Por qué? La respuesta es: Podemos hacer *cualquier cosa*, pero no podemos hacerlo *todo*. Muchas personas dejan que quienes le rodean decidan su agenda en la vida. Como resultado, nunca se dedicarán realmente a *su* objetivo en la vida. Se convierten en personas de muchos oficios -expertos en ninguno- en lugar de enfocarse en uno solo.

Si esto lo describe mejor de lo que le gustaría, probablemente esté listo para dar los pasos para hacer un cambio. A continuación hay cuatro principios que lo pondrán en el camino para cultivar su potencial:

1. Concéntrese en una meta principal

Jamás nadie ha alcanzado su potencial dividiéndose en veinte direcciones distintas. Alcanzar su potencial requiere enfoque. Por eso es importante que descubra su propósito. Una vez ha decidido dónde enfocar su atención, entonces debe decidir a qué cosas debe renunciar para alcanzarlo. Esto es fundamental. No puede haber éxito sin sacrificio. Las dos cosas van de la mano. Si quiere lograr poco, sacrifique poco. Si quiere lograr grandes cosas, esté dispuesto a sacrificar mucho.

2. Concéntrese en un mejoramiento continuo

A David D. Glass -principal oficial ejecutivo de las tiendas Wal-Mart- le preguntaron a quién admiraba más. Respondió que a Sam Walton, fundador de Wal-Mart. Destacó: «Desde que lo conocí, nunca hubo un día en su vida que no mejorara en algún sentido».

La dedicación a un progreso continuo es la clave para alcanzar su potencial y tener éxito. Cada día usted puede ser un poco mejor que ayer. Esto lo coloca a un paso más cerca de su potencial. También encontrará que lo que *obtiene* como resultado de su crecimiento no es tan importante como lo que usted *llega a ser* a lo largo del camino.

3. Olvide el pasado

Mi amigo Jack Hayford, pastor de *Church on the Way* [Iglesia del Camino], de Van Nuys, California, comentó: «El pasado es un asunto muerto, y no podemos impulsarnos hacia el mañana si lo llevamos a cuestas». Desdichadamente, eso es lo que mucha gente hace. Y como resultado, nunca progresan.

Me gusta la actitud de Cyrus Curtis, ex propietario del *Saturday Evening Post*. En su oficina tenía un letrero que decía: «El ayer terminó anoche». Era un recordatorio para él y para sus empleados de que el pasado había quedado atrás y que debían mirar solo hacia adelante.

Quizás usted haya cometido muchos errores o haya tenido un pasado con muchos obstáculos y especialmente difícil. Ábrase camino a través de ellos y avance. No permita que el pasado le impida alcanzar su potencial.

Si necesita inspiración, piense en personas que vencieron obstáculos aparentemente insuperables, como Booker T. Washington. Booker nació en esclavitud, y se le negaron los recursos que la sociedad blanca tenía a su disposición, pero él nunca permitió que esto le impidiera buscar su potencial. Fundó el Instituto Tuskegee, y la *National Black Business League* [Alianza Nacional para Asuntos de los Negros]. Washington dijo: «Aprendí que el éxito debe ser medido no por la posición que uno haya alcanzado en la vida sino por los obstáculos que se hayan superado tratando de tener éxito».

Piense en Hellen Keller, quien perdió la vista y la audición a los diecinueve meses de edad. Venció sus graves incapacidades, logró graduarse del Colegio Radcliffe, se hizo escritora, una reconocida conferencista, y heroína para las personas ciegas.

Piense en Franklin Delano Roosevelt. En 1921, a los treinta y nueve años, sufrió de una caso grave de poliomielitis que lo dejó inválido y sumido en un terrible sufrimiento. Nunca más pudo caminar sin ayuda. Pero esto no le impidió avanzar en la búsqueda de su potencial. Ocho años después fue gobernador de Nueva York, y en 1932, fue elegido presidente de los Estados Unidos.

Sin duda usted puede pensar en otras personas que han vencido tragedias o errores del pasado para alcanzar su propio potencial. Quizás hasta conozca a alguien que luchó contra la adversidad hasta alcanzar el éxito. Permita que ellos le inspiren. No importa lo que haya tenido que enfrentar en el pasado, usted tiene el *potencial* para vencerlo.

4. Concéntrese en el futuro

Yoghi Berra, miembro del Salón de la Fama del Béisbol, dijo: «El futuro no es lo que solía ser». Aunque quizás esto sea cierto, es todavía el único sitio adonde podemos ir. Su potencial está delante de usted, así tenga ocho, dieciocho, cuarenta y ocho u ochenta años. Todavía tiene espacio para mejorar. Mañana usted puede ser mejor de lo que es hoy. Como dice el proverbio: «El que no mira hacia adelante, se queda atrás».

Siembre semillas que beneficien a otros

Cuando usted conoce el propósito de su vida y está creciendo para alcanzar su máximo potencial, está en camino a ser exitoso. Pero hay una parte esencial en el viaje al éxito: ayudar a otros. Sin este aspecto, el viaje puede ser una experiencia solitaria y superficial.

Nos ganamos la vida con lo que recibimos, pero hacemos la vida con lo que damos

Se ha dicho que nos ganamos la vida con lo que recibimos, pero hacemos la vida con lo que damos. El médico, teólogo y filósofo Albert Schweitzer lo afirmó con mayor ímpetu: «El propósito de la vida humana es servir, mostrar compasión y ayudar a los demás». Para él, el viaje al éxito lo llevó a África, donde sirvió por muchos años.

En su caso, quizás el sembrar semillas que beneficien a otros no significará viajar a otro país para servir a los pobres; a menos que este sea el propósito para que el que usted nació. (Y si es así, no estará satisfecho hasta que lo esté haciendo). Sin embargo, si usted es como la mayoría de las personas, ayudar a otros es algo que puede hacer en su propia nación, sea pasando más tiempo con su familia, ayudando al desarrollo de un empleado que muestra potencial, ayudando a personas en su comunidad, o posponiendo sus deseos por amor a su equipo de trabajo. La clave es encontrar su propósito y ayudar a otros mientras procura cumplirlo. El animador Danny Thomas insistía en que «todos hemos nacido por una razón, pero no todos descubrimos el porqué. El éxito en la vida nada tiene que ver con lo que ganas en ella o logras para ti. Es lo que haces por los demás».

El viaje del éxito no se verá igual para todos pues el cuadro del éxito es diferente para cada persona. Pero los principios usados para emprender el viaje no cambian. Se pueden aplicar en el hogar, en la escuela, en la oficina, en el campo de juego y en la iglesia. De eso trata el resto de este libro: los principios que pueden ayudarle a conocer su propósito, a crecer en su potencial y a sembrar semillas que beneficien a los demás. No importa dónde se encuentre ahora. Usted puede aprender y aplicar estas ideas. ¡Puede ser exitoso hoy!

Acompáñeme en el viaje

Permítame contarle de alguien que actualmente está viajando conmigo en este viaje llamado éxito. Su nombre es Charlie Wetzel; él redacta y hace las investigaciones para mis libros y artículos. Si hace algunos años, usted le hubiera preguntado qué era el éxito, probablemente le habría dicho: «Éxito es encontrar una carrera que disfrutes, en la que puedas progresar y abrirte camino hasta llegar a la cumbre de tu empresa». Para Charlie, el éxito era un destino, un sitio al que se llega después de dar lo mejor de sí mismo, pero cuyo logro dependía de muchos factores ajenos a su control: circunstancias, políticas de la oficina, oportunidades y suerte. Era un lugar al que esperaba llegar algún día, aunque solo unos pocos lo logran. Y pienso que le hubiera dicho que no estaba muy seguro de algún día poder llegar.

Charlie ha estado trabajando conmigo por cerca de dos años y medio, y esta no es la forma en la que ahora piensa sobre el éxito. Ahora lo mira como un viaje, y se considera exitoso. Ha estado trabajando para cumplir el propósito que cree que Dios le ha dado: ayudar a otros a crecer y a alcanzar su potencial, y lo hace a través de la redacción. Cada día está creciendo y tratando de alcanzar su potencial en términos profesionales, personales y espirituales. Y en el camino, no solo me está ayudando a mí, sino también a todas las personas que leen los libros y artículos. El éxito ya no es una meta futura en la distancia. Es una realidad presente.

¿Qué cambió para Charlie? Primero, fue su actitud hacia el éxito. Lo mide en forma diferente y trabaja diariamente al respecto. Segundo, ha adquirido muchas de las herramientas que necesita para el éxito, que son los principios contenidos en este libro. Para muchas personas, eso es todo lo que se necesita para ser exitoso. La parte más difícil es comenzar. Por esto le quiero ayudar. He tenido el privilegio de ayudar a Charlie y a muchos otros a comenzar el viaje. Ellos han tenido la experiencia del éxito, y no solo están disfrutando del viaje; sino que llevan a otros consigo.

Permítame ayudarle a iniciar y a conocer el significado de tomar el viaje al éxito. No volverá a mirar el éxito de la misma forma y su vida cambiará para siempre. Estará de acuerdo con el columnista Whit Hobbs, quien escribió: «El éxito es despertar por la mañana, quienquiera que seas, dondequiera estés, joven o viejo, y saltar de la cama porque hay algo que te gusta hacer, en que lo que crees, para lo que eres bueno. Algo que es más grande que tú y que difícilmente puedes esperar para retomarlo hoy».

Acompáñeme. ¡Iniciemos el viaje!

Conozca su propósito

Capítulo 2

¿A DÓNDE ME GUSTARÍA IR?

❧

l comenzar a trabajar en este libro, separé algún tiempo para conversar con una docena de amigos, familiares y colegas para conocer lo que pensaban sobre viajar. Una de las cosas que les pregunté fue adónde les gustaría ir si pudieran hacer un viaje a cualquier parte del mundo. Me dieron una gran variedad de respuestas.

Jayne Hansen quería regresar a Heidelberg, Alemania. Ella y su esposo Brad habían pasado tres años en diversas partes de Alemania y ella quedó particularmente encantada con la gente, los hermosos paisajes y la comida de Heidelberg. Tenía cálidos recuerdos de esa ciudad.

Miriam Phillips dijo que quería ir a Australia a explorar y ver algunos de los animales raros del país; especialmente quería ver los koalas. Pensaba que el viaje sería una aventura. Tom Dunnam también quería ir a Australia, pero su mayor deseo era visitar la Ópera de Sydney y estar en una función. Tom es un cantante extraordinario, de modo que su selección de viaje era completamente natural.

Charlie Wetzel dijo que quería ir a Inglaterra y ver los lugares ligados a la historia y la literatura que había estudiado en la universidad: la Torre de Londres, la calle Fleet, el lugar de la batalla de Hastings y el Lago Country. Verlos en persona daría vida a las memorables historias que había leído.

Patty Knoll me dijo que le gustaría regresar como misionera a África. En su juventud había pasado los dos meses y medio más significativos de su vida en la Costa de Marfil trabajando con la gente allí. Instantáneamente le llenaron el corazón y, desde entonces, anhelaba regresar.

Disfruté mucho conversar con ellos acerca de sus sueños de viajar. Sus ojos brillaban y el habla se les aceleraba al describir mentalmente los lugares que verían y las actividades que realizarían. Además les hice otra pregunta: ¿Por qué no han hecho el viaje de sus sueños? Un par de personas dijo que no querían viajar solos y estaban esperando hasta encontrar un compañero de viaje. Muchos de ellos dijeron que no tenían dinero. Otros comentaron que no tenían el tiempo.

La experiencia me ha enseñado que hacemos tiempo y apartamos dinero para las cosas que son más importantes para nosotros. No todas las personas que hacen el viaje de sus sueños tienen cantidades ilimitadas de dinero y tiempo. Hacen el viaje porque lo planificaron previamente y estuvieron dispuestos a pagar el precio exigido para poder ir.

Déjeme hacerle una pregunta similar: Si pudiera ir a cualquier lugar, ¿adónde le gustaría ir? No como vacaciones, sino en su vida. Su respuesta a esa pregunta es importante para determinar si usted tiene o no tiene éxito. Todos vamos de viaje, lo sepamos o no. Viajamos inevitablemente hacia el fin de nuestra vida. Así que la verdadera pregunta para nosotros es si vamos a elegir un destino y encaminarnos hacia él, o si vamos a dejarnos llevar por la corriente, y permitir que otros determinen adónde llegaremos. La decisión es completamente nuestra.

UN CRUCERO A NINGUNA PARTE

Si usted vive en un pueblo cerca del mar, puede haber visto los anuncios sobre los «cruceros a ninguna parte». Quizás hasta haya ido en alguno. La gente sube al barco y al dejar el muelle, en vez de dirigirse a alguna isla tropical o a otra localización exótica, viajan en círculos en alta mar por un par de días. Mientras tanto, cenan comidas suntuosas, descansan alrededor de una piscina, disfrutan de los espectáculos y participan de las actividades a bordo. Es como haberse alojado en un buen hotel o en un complejo de vacaciones.

> **Usted necesita identificar su destino y navegar hacia él**

El problema para mucha gente es que sus vidas se parecen mucho a esos cruceros. Viajan sin destino. Siguen el patrón de la mayoría, y ocupan el tiempo en busca de placeres o en actividades que no producen beneficio duradero para ellos ni para los demás. Mientras tanto, viajan en círculos. Al final, no están en mejor posición que cuando partieron. El crucero a ninguna parte puede ser una forma divertida de ocupar unos pocos días de vacaciones, pero no es el modo de gastar su vida.

Como dije antes, el éxito es un viaje. Usted no se convierte de repente en alguien exitoso cuando llega a un lugar específico o alcanza cierta meta. Pero esto no significa que deba viajar sin identificar su destino. No puede cumplir su propósito ni cultivar su potencial si no sabe en qué dirección ir. Usted necesita identificar su destino y navegar hacia él. En otras palabras, necesita descubrir cuál es su sueño.

EL PODER DE UN SUEÑO

Creo que cada uno de nosotros tiene un sueño en su corazón. No hablo de querer ganar la lotería. Ese tipo de idea viene del deseo de escapar de nuestras circunstancias presentes, y no del deseo por buscar un sueño del corazón. Hablo de una visión interior profunda que habla al alma misma. Es aquello para lo que hemos nacido. Requiere nuestros dones y talentos. Apela a nuestros más elevados ideales. Enciende nuestro sentido de destino. Está inseparablemente unido con el propósito de nuestra vida. El sueño nos inicia en el viaje al éxito.

Cuando busco el nombre de una persona que identificó y vivió su sueño, pienso en el pionero de la industria automotriz y visionario Henry Ford. Él dijo: «Todo el secreto de una vida exitosa es descubrir qué estamos destinados a hacer, y luego hacerlo».

El sueño de Ford nació de su interés por todo lo que fuera mecánico. Desde su niñez tuvo la pasión por estudiar y reparar maquinarias. Aprendió por cuenta propia sobre máquinas de vapor, relojes y motores a combustión. Viajó por el campo haciendo reparaciones gratuitas, solo para poner sus manos en alguna maquinaria. Se hizo mecánico y relojero. Trabajó como ingeniero nocturno en la Detroit Edison Company. Ford se sentía intrigado por la idea del automóvil y le dedicó más y más atención a esto. En 1896, construyó su primer automóvil en el cobertizo trasero de su casa. Luego de esto, siguió pensando en cómo mejorar sus esfuerzos, y estudió el trabajo de otros constructores de coches, incluyendo a Ransom E. Olds, quien construyó el primer Oldsmobile en el 1900.

De su amor por las maquinarias y su curiosidad por el automóvil creció el sueño de Ford: la creación de un automóvil de bajo costo y de producción masiva. Hasta ese momento, los nuevos coches sin caballos eran un costoso artículo de lujo, solo al alcance de los ricos. Pero Ford estaba decidido a poner el automóvil al alcance de la persona común. En 1899, ayudó en la formación de la Detroit Motor Company. Pero cuando sus compañeros de organización pusieron obstáculos a la idea de fabricar su producto en forma económica para venderlo en forma masiva, dejó la empresa. Sin embargo, mantuvo su sueño, y finalmente sus esfuerzos rindieron fruto. En 1903, organizó la Ford Motor Company y comenzó a producir el modelo T. El primer año la nueva compañía produjo seis mil autos. Pero ocho años más tarde producía más de 500.000. Además se las arreglaron para reducir el precio inicial de venta de US$850 a solo $360. El sueño de Ford era una realidad.

> ## Quien tiene un sueño conoce a lo que tiene que **renunciar** con el propósito de **avanzar**.

Ford ha sido llamado genio y se le ha acreditado el nacimiento de la línea de ensamblaje y la producción en masa. Pero no importa lo que haya obtenido personalmente, su mayor ganancia fue su sueño y la disposición de dedicarse a él.

Un sueño hace muchas cosas a nuestro favor:

Un sueño nos da dirección

¿Ha conocido alguna persona que no tiene idea de lo que quiere hacer en la vida y que a pesar de esto haya sido exitosa? Yo no. Y apuesto que usted tampoco. Todos necesitamos apuntar en alguna dirección. El sueño nos da eso. Actúa como una brújula, y nos dice en qué dirección debemos viajar. Y mientras no hayamos identificado esa dirección correcta, nunca sabremos si estamor progresando. Nuestras acciones probablemente nos lleven hacia atrás en lugar de llevarnos adelante. Si se mueve en *cualquier* dirección que sea distinta a la de su sueño, perderá las oportunidades necesarias para ser exitoso.

Un sueño aumenta nuestro potencial

Sin un sueño, podemos tener problemas para descubrir nuestro potencial interior pues no vemos más allá de las actuales circunstancias . Pero con un sueño, comenzamos a vernos bajo una nueva luz, como poseedores de un nuevo potencial y capaces de avanzar y crecer hasta alcanzarlo. Toda oportunidad que encontramos, cada recurso que descubrimos, cada talento que desarrollamos llega a formar parte de nuestro potencial para crecer en dirección hacia ese sueño. Mientras mayor el sueño, mayor el potencial. E. Paul Jovey dijo: «El mundo de un ciego está limitado a lo que toca; el mundo del ignorante queda dentro de los límites de su conocimiento; el mundo de un gran hombre por los límites de su visión». Si su visión —su sueño— es grande, así será su potencial para el éxito.

Un sueño nos ayuda a establecer prioridades

Un sueño nos da esperanza para el futuro, y además nos da poder en el presente. Hace posible que establezcamos prioridades en todo lo que hacemos. Quien tiene un sueño conoce a lo que tiene que *renunciar*, con el propósito de avanzar. Puede medir cada cosa que hace según le sirva o contribuya a su sueño. Se concentra en lo que le acerca más a ese sueño y presta menos atención a todo lo que no contribuye a este propósito.

Irónicamente, mucha gente hace exactamente lo contrario. En vez de concentrarse en su verdadero sueño y dejar lo de menor importancia, quieren mantener abierta todas las alternativas. Pero cuando lo hacen, realmente enfrentan más problemas pues tomar decisiones se les hace muy complicado. Son como el artista que hace girar platos. Puede que haya visto alguno de ellos en los programas de variedades viejos. El actor pone un plato en la punta de una varilla larga y delgada y lo hace girar. Luego hace lo mismo con otra varilla y otro plato y luego otro. Sigue agregando platos hasta que tiene una buena cantidad de ellos girando sobre su correspondiente varilla. Mientras sigue avanzando, debe regresar ocasionalmente a dar más velocidad a un plato para que no caiga.

El actor que es realmente bueno en este espectáculo puede tener una cuantos platos girando muy rápido al principio, pero a medida que avanza —aun los mejores— encuentran más y más difícil seguir avanzando porque deben dedicar todo su tiempo a conservar el giro en los platos que ya ha puesto. Poner el último plato en la varilla y hacerlo girar usualmente toma un tiempo increíble.

Mantener vigentes todas las alternativas se parece mucho a esto. Al principio, es divertido tener abiertas muchas posibilidades. Parece ser una idea excelente. Pero a medida que transcurre el tiempo, no puede progresar porque dedica todo su tiempo a conservar las alternativas en lugar de usar el tiempo para avanzar.

Cuando tiene un sueño, usted no tiene ese problema. Usted dedica el tiempo y las energías exclusivamente en los «platos» que lo llevan más cerca de su sueño. Puede dejar que los demás dejen de girar y se hagan trizas en el suelo. No tienen importancia. Ese conocimiento le libera tiempo para concentrarse en las pocas cosas que marcan la diferencia, y lo mantienen en el camino correcto.

Un sueño agrega valor a nuestro trabajo

Un sueño pone en perspectiva todo lo que hacemos. Aun las tareas que no son interesantes ni tienen una recompensa inmediata cobran valor cuando sabemos que a larga contribuirán a la realización del sueño. Cada actividad se convierte en una pieza importante de un cuadro más grande. Me hace recordar la historia de un periodista que hablaba de tres obreros de la construcción que ponían concreto en un lugar.

—¿Qué estás haciendo? —preguntó al primer trabajador.

—Me estoy ganando un cheque —gruñó. Le hizo la misma

pregunta al segundo obrero, quien lo miró por encima del hombro y le dijo: «¿Qué le parece que estoy haciendo? Estoy mezclando concreto».

El tercer trabajador sonreía y silbaba mientras trabajaba.

—¿Qué haces? —le preguntó. Dejó lo que estaba haciendo y con entusiasmo dijo: «Estoy haciendo un hogar para los desamparados». Se limpió las manos y continuó: «Mire, allí estará la cocina. Allá el dormitorio de las mujeres. Allá...»

Los tres estaban haciendo el mismo trabajo. Pero solo el tercero estaba motivado por una visión mayor. El trabajo que hacía cumplía un sueño, y agregaba valor a sus esfuerzos.

Vince Lombardi decía: «Creo firmemente que la mejor hora de cualquier hombre —su mayor realización por sobre todo lo que considera importante— es el momento cuando ha puesto su corazón en una buena causa y queda exhausto en el campo de batalla, victorioso». Un sueño provee la perspectiva que hace posible ese tipo de esfuerzo.

Un sueño predice nuestro futuro

Catherine Logan dijo: «Una visión profetiza lo que puede ser nuestro. Es una invitación a hacer algo. Con un gran cuadro en la mente vamos de un logro a otro usando los materiales que nos rodean como peldaños hacia lo que es más alto, mejor y más satisfactorio. Así llegamos a ser poseedores de valores invisibles que son eternos».

> **Nuestro sueño, cuando lo seguimos, es el mejor pronosticador de nuestro futuro.**

Cuando tenemos un sueño, no somos solo espectadores sentados a la espera de que todo salga bien. Tomamos una parte activa en la formación del propósito y significado de nuestra vida. Y los vientos de cambio no nos llevan de aquí para allá. Nuestro sueño, cuando lo seguimos, es el mejor pronosticador de nuestro futuro. Eso no significa que tenemos alguna garantía, pero sí aumenta enormemente nuestra oportunidad de éxito.

Atrévase a soñar y a actuar sobre ese sueño. Hágalo a pesar de los problemas, circunstancias y obstáculos. La historia está llena de hombres y mujeres que enfrentaron la adversidad y, a pesar de ello, alcanzaron el éxito. Por ejemplo, el orador griego Demóstenes ¡era tartamudo! La primera vez que quiso hablar en público la gente se le rió en la cara. Pero él tenía el sueño de ser un orador destacado. Siguió ese sueño y creció para lograr su potencial. Se dice que se ponía piedrecillas en la boca y procuraba hablar superando el sonido de las olas que rompían contra la playa. Su persistencia tuvo recompensa. Vivió su sueño: llegó a ser el orador más destacado del mundo antiguo.

Otros se han atrevido a soñar y han sido exitosos. Napoleón, a pesar de su humilde procedencia, llegó a ser emperador. Beethoven trajo a la vida su visión interior de la música cuando compuso sinfonías, aun después de perder el oído. Charles Dickens soñaba con ser escritor y, a pesar de haber nacido en la pobreza, llegó a ser el novelista más leído de la Inglaterra victoriana.

Oliver Wendell Holmes comentó: «Lo grande en este mundo no es dónde estamos, sino en qué dirección nos movemos». Esto es también una de las grandes cosas de tener un sueño. Puedes seguir tu sueño no importa dónde te encuentres hoy. Y lo que ocurrió en el pasado no es tan importante como lo que hay en el futuro. Como dice un proverbio: «No importa cómo haya sido el pasado de una persona, su futuro es inmaculado». ¡Usted puede empezar a seguir su sueño hoy mismo!

ETAPAS EN EL DESARROLLO DE UN SUEÑO

A través de los años he aprendido mucho sobre la visión y lo que significa tener un sueño pues es una parte fundamental del liderazgo. He observado que hay una gran diferencia entre los que sueñan y los que hacen que su sueño se haga realidad. Como dijo Nolan Bushnell, fundador de Atari —compañía de videojuegos famosa en los años ochenta—«a todos les llega una buena idea en la ducha. Pero el que tiene éxito sale de la ducha, se seca y hace algo respecto de esa idea».

A continuación, las etapas en el desarrollo de un sueño exitoso, según mis experiencias y observaciones personales:

Lo pensé

Todo el proceso comienza con la semilla de una idea, una visión que nace de un deseo del corazón. Muchas personas descubren su sueño en una idea repentina luego de trabajar en una rama laboral por años. Algunos lo reciben mientras oran. Otros son motivados por algún acontecimiento del pasado. Quizás usted ya haya experimentado la fase «Lo pienso» y haya descubierto su sueño. Si no es así, lea los siguientes cinco pasos que le ayudarán a quitar lo que sobra y a descubrir (o perfeccionar) su sueño:

1. *Crea en su capacidad de lograr el éxito*

Como dije antes, nadie puede actuar consistentemente en una manera que contradiga la imagen que tiene de sí mismo. Si *quiere* tener éxito, debe creer que puede tenerlo. Para lograr encontrar su sueño debe reconocer que es capaz de descubrirlo. No tiene que ser un genio, tener suerte o ser rico. Solo tiene que creer que puede ocurrir.

2. Deshágase de su orgullo

La persona que está llena de sí misma no tiene espacio para un sueño que le cambie la vida. Por eso es muy importante deshacerse del orgullo; puede impedirle que intente cosas nuevas y de hacer preguntas por tener miedo de parecer tonto. Esto hace que usted quiera permanecer en su zona de comodidad en vez de luchar por llegar al otro extremo. El orgullo lo centra en las apariencias y no en el potencial. Le impide asumir los riesgos, algo que debe hacer para descubrir su sueño. Si es una persona orgullosa, llegó el momento de desechar su orgullo y de aferrarse a su sueño.

3. Cultive un descontento constructivo

El descontento es la fuerza que impulsa a la gente a buscar sus sueños. Piénselo: cada invento registrado en la oficina de patentes de los Estados Unidos es el resultado de un descontento creativo. Cada inventor, insatisfecho con algo que ya existía, halló un modo de vencer creativamente su descontento inventando algo nuevo o mejorando lo ya existente.

Lo mismo aplica a usted. La complacencia nunca trae el éxito. Debe desear un cambio positivo. Solo el descontento constructivo lo motivará a encontrar su propósito y a alcanzar su potencial. Earle Wilson comenta: «Si lo que hiciste ayer todavía hoy te parece grande, entonces no has hecho suficiente hoy».

4. Escape del hábito

El hábito se puede definir como algo que se hace sin pensar (quizás por esto tenemos tantos de ellos). El hábito puede matar un sueño porque cuando deja de pensar, deja de cuestionar y de soñar. Usted comienza a aceptar lo que *es* sin considerar lo que podría ser. El hábito hace que usted se quede en las formalidades en lugar de pensar en las posibilidades. Lentamente cierra la puerta hacia el potencial.

Examine todas las cosas que hace normalmente por rutina. Luego agítelas. Mire a su horizonte. ¿Qué es lo que le importa? ¿Qué es está haciendo hoy día que no le impulsa en dirección a su propósito, a desarrollar su potencial o a ayudar a otras personas? Comience a hacer cambios. Sea creativo. Rompa la rutina y busque su sueño en su interior.

5. Equilibre la creatividad con el carácter

Dar rienda suelta a su creatividad para salir de la rutina y pensar en su sueño es una parte básica del proceso, pero no valdrá de nada si no tiene el carácter para entrar en acción. Cuando se trata de sueños, la gente verdaderamente exitosa tiene suficiente creatividad para *pensarlos* y suficiente carácter para *intentarlos*. Ellos tienen suficiente creatividad para *visualizarlo en sus mentes* y suficiente carácter para *producirlo con sus manos*. Tener todos los sueños del mundo no hará ningún bien si no está dispuesto a despertar y poner manos a la obra.

Lo capté

En el momento que usted descubre su sueño—aquello para lo que fue creado—es una experiencia increíble. Pero eso solo no basta para emprender el viaje al éxito. El desarrollo de un sueño exitoso es un proceso. El paso siguiente del desarrollo requiere que usted invierta emocionalmente en su sueño. Necesita crecer más allá de sus pensamientos y entrar en sus sentimientos.

En 1935, Hubert Humphrey escribió una carta a su esposa en su primer viaje a Washington, D.C. Esta carta refleja la emoción del farmacéutico de Minnesota, que tenía entonces veinticuatro años. Dice así: «Puedo ver cómo algún día, si tú y yo nos aplicamos y nos proponemos trabajar para cosas grandes, podemos vivir aquí en Washington y probablemente estar en el gobierno, en la política o en el servicio. Dios mío, espero que mi sueño se haga realidad, de todos modos, voy a tratarlo». El sueño de Humphrey se hizo realidad. En 1946 fue alcalde de Minneapolis; en 1949 fue elegido senador; y en 1964 sirvió como vicepresidente de Estados Unidos bajo Lyndon B. Johnson. En total, Humphrey sirvió en el gobierno durante treinta y dos años.

Lo busqué

Un antiguo proverbio dice: «Del dicho al hecho va un gran trecho». Mucha gente tiene sueños. Muchos tiene fuertes emociones al respecto. Pero lo que separa al desarrollador de un sueño exitoso de un mero soñador es el compromiso con la acción. Entre las etapas de «lo tengo» y «lo busqué», los sueños no mueren, solo se disipan. Se necesita hambre, tenacidad y compromiso para ver que un sueño progresa hasta ser una realidad. Una vez que haya descubierto su sueño, sígalo.

Algunos lo atacaron

Si un sueño corre el riesgo de disiparse antes de la etapa «lo busqué», entonces el peligro luego de esa etapa es que sea repentinamente derribado. En sus primeras etapas, un sueño es algo increíblemente frágil. Como lo expresa el experto en liderazgo, el consultor administrativo y amigo Bob Biehl: «Los sueños son como burbujas de jabón flotando cerca de rocas afiladas en un día ventoso».

En esta etapa del viaje los sueños son muy frágiles porque son demasiado nuevos. No hemos tenido tiempo de dejarlos crecer ni de desarrollarse. No se han establecido y todavía no tienen una trayectoria. Cuando un árbol de roble tiene apenas un año, hasta un niño puede arrancarlo de raíz. Pero cuando ha pasado un tiempo y se establece con firmeza, ni la fuerza de un huracán puede derribarlo.

Los sueños pueden ser derribados con mayor facilidad en este punto porque si son atacados, los amigos o miembros de la familia son seguramente los atacantes puesto que son los únicos que los conocen. Nuestras esperanzas y deseos pueden superar las críticas de un extraño, pero tienen más dificultad para sobrevivir cuando los mina un ser amado.

En su libro *Silver Boxes*, mi amiga Florence Littauer cuenta una historia que revela el poder que tienen los que están cerca de nosotros sobre nuestros sueños. Es sobre su suegra, Marita Littauer. Luego de conocerla por muchos años y de sentirse un poco intimidada por ella, un día Florence le preguntó a la anciana que le hubiera gustado ser de haber tenido la oportunidad. «Cantante de ópera», respondió Marita sin vacilar. «Quería estudiar música, pero mis padres pensaron que era un desperdicio de tiempo, que ganaría más en el negocio de sombreros para señoras. Pero una vez participé en un espectáculo en la universidad y yo era la voz principal».

La memoria de ese sueño nunca se apartó de Marita Littauer, aun cuando su madre lo había derribado. En sus últimos días, la mente le falló y ya no podía hablar. Pero algunas noches se paraba orgullosa junto a su silla y le cantaba óperas a su enfermera. Aún en el crepúsculo de su vida, ese profundo deseo nunca la dejó. Florence dijo: Mamá tenía un talento que nunca fue desarrollado, era una caja de música a la que no se permitió tocar, una carrera que nunca comenzó. Murió con su música todavía adentro».

Lo logré

La mayoría de las personas no tienen idea de lo cerca que han estado de alcanzar y vivir su sueño, de llegar a la etapa de «lo tengo». El éxito se alcanza en pulgadas no en millas. Por ejemplo, el jugador promedio en la liga mayor de béisbol anota un promedio de .250. Otra manera de decirlo es que logra un golpe por cada cuatro intentos. Alguien que tenga un promedio de .250 puede jugar en las grandes ligas, pero probablemente no se le recordará cuando se retire.

Compárese eso con alguien como Tony Gwynn que juega con los Padres de San Diego. Es considerado como uno de los mejores bateadores del béisbol. Ha ganado siete campeonatos de bateo en las catorce temporadas que ha jugado. Algún día será elegido al Salón de la Fama del Béisbol en Cooperstown, Nueva York.

Si usted no sabe de béisbol, podría pensar que para ser tan exitoso como él es debería ser por lo menos el doble de bueno en

> **Su capacidad para vivir su sueño puede estar más cerca de lo que usted piensa.**

bateo que el jugador promedio. Pero no es así. Mientras escribo esto, Tony tiene un promedio general de bateo .336. Esto significa que acierta un golpe de cada tres veces que batea. Usted tendría que asistir a tres juegos de béisbol antes de ver ese golpe adicional que da Tony en comparación con el jugador promedio de .250.

Su capacidad de vivir su sueño puede estar más cerca de lo que usted piensa. Usted necesita dedicación y perseverancia. Tiene que sobrevivir a las dudas y críticas de la gente más cercana, pero puede sin duda puede llegar a la etapa de «lo tengo». Y cuando lo hace, usted compartirá la opinión de Joe Namath, mariscal de campo ganador del Super Bowl, que dijo: «Cuando ganas, nada duele».

Otros lo combatieron

Desdichadamente, no todo el mundo querrá celebrar con usted cuando su sueño comience a ser realidad. Encontrará que la gente se clasifica en dos grupos:

- *Los que combaten el fuego*: Estas personas quieren apagar el fuego que siente por su sueño. No importa lo que usted quiera, ellos están en contra. Por la manera que este tipo de personas critica todo, podría pensar que les pagan por ello. Y nada que usted haga o diga podrá hacerlos cambiar.
- *Los que avivan el fuego*: Hay personas que quieren ayudarle y están dispuestas a hacer lo que puedan para hacer que las llamas de su éxito se eleven lo más alto posible.

Cuando usted está tratando de alcanzar su sueño, se sorprenderá algunas veces por las personas que quieren avivar su fuego y las que lo quieren sofocar. Permítame contarle una historia graciosa que ilustra vívidamente este punto. Un pajarito canadiense decidió que era un problema demasiado grande viajar al sur para el invierno. Se dijo: «Puedo desafiar al invierno. Muchos otros animales lo hacen. No puede ser tan difícil». Cuando todas las demás aves emprendieron en bandadas el viaje hacia la asoleada América del Sur, este pajarito se quedó a esperar el invierno.

Hacia fines de noviembre, estaba pensándolo de nuevo. Nunca había sentido tanto frío, y no podía encontrar alimentos. Finalmente se quebrantó y comprendió que si no salía pronto de allí, no iba a logra pasar el invierno. Entonces empezó su solitario vuelo hacia el sur. Después de un tiempo comenzó a llover. Antes que se diera cuenta, el agua se estaba convirtiendo en hielo en sus alas. En su lucha, se dio cuenta que no podría seguir volando. Sabía que iba a morir, así que dejó de aletear y se estrelló contra el suelo junto a un granero.

Estaba allí medio aturdido cuando pasó una vaca sobre él y plop, vació su intestino sobre la pobre avecilla. El pajarito estaba completamente disgustado. *Aquí estoy*, pensó, muerto de frío. Voy a morir. Estoy por dar mi último aliento y entonces me cae esto encima. ¡Qué horrible manera de morir!

El pajarito contuvo el aliento y se preparó para morir. Pero después de dos minutos descubrió que estaba ocurriendo un milagro. Se estaba calentando. El hielo de sus alas se estaba derritiendo. Sus músculos se desentumecieron. La sangre fluía nuevamente. Comprendió que después de todo iba a sobrevivir. Estaba tan contento y feliz que comenzó a cantar una gloriosa canción.

En esos momentos, el viejo gato montés de la granja, que estaba echado en el heno lo oyó cantar. No lo podía creer; no había oído algo igual desde algunos meses, y se dijo: «¿No es un pájaro? Pensé que todos se habían ido para el sur por el invierno». Salió del granero, miró hasta que vio donde estaba el pajarito. Se acercó y lo sacó suavemente del desecho de la vaca, lo limpió... ¡y se lo comió!

Hay tres moralejas en este cuento: (1) No todo el que te ensucia es enemigo; (2) No todo el que te limpia es tu amigo; (3) si alguien te ensucia, calla. Lo mismo puede aplicarse a usted mien-

> **Todo sueño digno de vivir vale la pena compartirlo con otros.**

tras trata de realizar su sueño. Algunas personas que se considera amigos pelearán contra su éxito. Otros lo apoyarán de una manera no esperada. Pero no importa quién lo critique ni cómo lo haga, no permita que nadie le desenfoque de su sueño.

Lo enseñé

Vale la pena dar a conocer a otros todo sueño que sea digno de vivirse. Después de todo, eso es en gran medida lo que significa ser exitoso. Pero no todos lo ven así. He observado que cuando la gente descubre su sueño reacciona de una de dos maneras. Algunos esconden su sueño y lo conservan para sí. Cuando lo hacen, su sueño se encoge. Debido a que no lo han compartido tienen que mantenerlo por sí mismos. Todo depende de ellos. No buscan la ayuda de otros, los beneficios del trabajo en equipo ni el gozo de compartir las bendiciones.

Pero la persona que comparte su sueño lo verá crecer. La fuerza de las ideas compartidas suele llevarlas a un nivel completamente nuevo. El sueño se hace más grande que lo que la persona que lo lanzó imaginó que podría ser. Y los demás que participan en él suelen adoptarlo como propio.

Mientras usted da a otros la oportunidad de compartir su sueño, presente un cuadro amplio de modo que ellos puedan captar la visión. Debería incluir lo siguiente:

- *Un horizonte*: para ayudarles a ver las increíbles posibilidades que tienen por delante
- *El sol*: para darles calor y esperanza
- *Montañas*: para representar los desafíos que hay por delante
- *Aves*: para inspirarles a levantar alas como águilas
- *Flores*: Para recordarles que se detengan a oler las rosas; a disfrutar el viaje mientras van de camino
- *Un sendero*: para ofrecer dirección y seguridad, para dar la garantía de que los llevará el camino correcto
- *Usted mismo*: para demostrar su compromiso con el sueño y con ellos
- *Ellos* : Para mostrarles dónde entran en el cuadro y para comunicarles su confianza en ellos

Cuando usted está dispuesto a compartir su sueño incluyendo a otros, casi no casi ningún límite en lo que puede lograr. Lo imposible queda al alcance.

Otros lo compraron

Si usted vive su sueño y lo comparte exitosamente, otros lo comprarán. La gente tiene deseos de seguir a un líder con un gran sueño. Ahora más que nunca, la gente busca héroes. Desafortunadamente, muchos los están buscando en sitios que seguramente los dejarán desilusionados: en los deportes, la música, el cine y la televisión. Pero los verdaderos héroes son líderes que pueden ayudar a otros a alcanzar el éxito, personas que llevan a otros consigo. Y todo comienza con un sueño. Como dijo Winifred Newman: «Una visión es lo que el mundo necesita con más desesperación. No hay situaciones sin esperanza; solo hay personas que piensan sin esperanzas».

Cuando era pastor, hice muchas cosas para dar a conocer mi sueño a los demás. Por un tiempo, hasta llevaba unas tarjetas que repartía a la gente para recordarles la importancia del sueño y cuánto quería que ellos fueran parte de él. Esto es lo que decía:

Tengo un sueño

La historia nos dice que en toda era llega el momento en que los líderes deben pasar adelante para hacer frente a las necesidades del momento. Por lo tanto, no hay ningún líder potencial que no tenga la oportunidad para una mejor humanidad. Los que lo rodean tienen el mismo privilegio. Afortunadamente, creo que Dios me ha rodeado con las personas que aceptarán el reto de este momento.

Mi sueño me permite...

- Renunciar en cualquier momento a todo lo que soy para recibir todo lo que puedo llegar a ser.
- Sentir lo invisible para poder hacer lo imposible.
- Confiar en los recursos de Dios pues el sueño es más grande que todas mis habilidades y capacidades.
- Continuar cuando estoy desalentado, porque donde no hay fe en el futuro, no hay poder en el presente.
- Atraer ganadores porque los grandes sueños atraen a grandes personas.
- Verme a mí mismo y a mi gente en el futuro. Nuestro sueño es la promesa de lo que seremos algún día.

Sí, tengo un sueño. Viene de Dios. Es mayor que todos mis dones. Es tan grande como el mundo, pero comienza con uno. ¿Te unirías a mí?

SIGA EL SUEÑO

Si aún no ha descubierto su sueño, probablemente comprenda lo mucho que se ha estado perdiendo. Un sueño le dará una razón para avanzar, un camino a seguir y un blanco que alcanzar. Además, Yoghi Berra dijo: «Si no sabes hacia dónde vas, podrías llegar a otro lugar». ¿No dirías que ya es hora de empezar?

No hace mucho, vi en televisión una entrevista en que Mike

Wallace entrevistaba a un guía serpa del Nepal que ayudaba a los escaladores a alcanzar la cumbre del Monte Everest.

—¿Por qué lo hace?—preguntó Wallace.

—Para ayudar a otros a hacer algo que no pueden hacer por sí mismos—respondió el guía.

—Pero hay tanto riesgo, tantos peligros—dijo Wallace.—¿Por qué insiste en llevar gente hasta la cumbre de la montaña?

El guía sonrió y dijo: —Es obvio que usted nunca ha estado en la cumbre.

Llegar a la cumbre requiere de un sueño y un firme compromiso. Mientras mayor el viaje, más comprometido tiene que estar para tomarlo. Mientras usted se prepara para continuar su viaje al éxito, comprométase a descubrir su sueño y a seguirlo. El camino que tiene por delante lo conozco bien porque hice ese compromiso y he viajado por ese camino por más de treinta años. Haré el viaje con usted hasta que esté preparado para seguir sin mí. Pero no importa cuánta ayuda pueda darle, no podrá lograrlo sin un compromiso.

Eche un vistazo a la declaración que aparece a continuación. Estudie el significado de comprometerse en el viaje, y firme. Entonces prepárese para vivir su sueño.

Mientras mayor el viaje, más comprometido tiene que estar para tomarlo.

Compromiso con el viaje al éxito

Hoy hago el compromiso de ser exitoso. Reconozco que el éxito es un proceso, no un destino. Descubriré mi sueño y haré lo que pueda para...

Conocer mi propósito en la vida,

Crecer para alcanzar mi máximo potencial, y
Sembrar semillas que beneficien a otros.
Aunque el camino esté lleno de baches, y requiera
que aprenda un nuevo modo de ver la vida, haré cuanto
sea necesario y perseveraré. Emprenderé el viaje al éxito.

Firma _____   *Fecha* _____

El *potencial* para la grandeza vive en cada uno de nosotros.
La clave para *alcanzar* la grandeza se encuentra al descubrir nuestro sueño y luego desarrollarlo. ¡Ya está en camino!

Pasos para dar en el camino: ¿Adónde le gustaría ir?

Para iniciar el viaje al éxito, el primer paso que necesita dar es descubrir su sueño. Separe un tiempo —varias horas un fin de semana o quizás un día fuera del trabajo— para trabajar con el siguiente material en la manera más honesta que pueda.

1. **Mi pasado:** Ningún sueño nace en el vacío. Surge de una vida. Henry Ford dijo: «Antes que cualquiera otra cosa, prepararse es el secreto del éxito». Lo sepa o no, su vida lo ha estado preparando para su sueño. Responda estas preguntas para ver cómo ha sido preparado:

a) ¿Cuáles son mis tres talentos más grandes?

1 _____

2 _____

3 _____

b) ¿Cuál es la fortaleza más notable de mi carácter?

_____

c) ¿Para qué dicen otros —que no ganan nada al decirlo— que

soy bueno?

_____

d) ¿Para qué me han preparado las experiencias únicas de mi vida?

_____

_____

e) ¿Cuál es mi pasión más grande, eso que me gusta hacer tanto que lo haría feliz sin cobrar?

_____

f) ¿Qué es tan importante para mí que estaría dispuesto a morir por ello?

_____

2. **Mi presente.** Algunas personas miran las circunstancias presentes y se desalientan porque no están donde quisieran estar. Pero mirar el presente es parte del proceso de descubrir su sueño. Responda las siguientes preguntas que le ayudarán a ver el potencial del presente:

a) ¿Cuáles son todos mis recursos presentes? (incluya tiempo, dinero, personas oportunidades, etc.)

1_____
2_____
3_____
4_____
5_____
6_____
7_____
8_____
9_____
10_____

b) ¿Cuáles de mis circunstancias presentes puedo cambiar positivamente para liberar más recursos o para crear más oportunidades?

_____

_____

c) ¿Qué hay de único en mis circunstancias presentes: mi lugar en la historia, donde vivo, donde trabajo, la gente que conozco?

1 _____

2 _____

3 _____

4 _____

5 _____

3. Mi futuro: Espero que usted haya comenzado a ver un patrón creado por su pasado y sus circunstancias presentes. Ahora es tiempo que se pregunte, si pudiera ser todo lo que quisiera, ¿qué sería? Escriba aquí su respuesta:

_____

En los siguientes capítulos, conversaremos sobre lo que se necesita para acercarse a la realización de su sueño.

Capítulo 3

¿CUÁN LEJOS PUEDO LLEGAR?

Cada vez que voy a Washington, D. C., trato de visitar la Institución Smithsoniana. Me gusta la historia —especialmente la de Estados Unidos— y dicha institución alberga artefactos y muestras de los más de doscientos años de nuestra nación. De todo lo que se exhibe, lo que más me gusta es un segmento en video de un discurso al Congreso del presidente Kennedy el 25 de mayo de 1961. Cada vez que lo veo me pone la carne de gallina. Registra el momento en que Kennedy llama a América a realizar el viaje más increíble que se haya concebido. Lanza la visión para la ejecución de una idea que ya había sido escrita el año 160 d.C. por el satírico griego Luciano de Samosata y que había estado en el pensamiento del hombre durante los dieciocho siglos siguientes: «Creo que esta nación debe comprometerse a lograr la meta de enviar un hombre a la luna y traerlo a la tierra de regreso y a salvo antes del fin de la década».

En el presente, con la popularidad de la ciencia ficción, un viaje a la luna parece algo ordinario. Después de todo, en la televisión usted puede ver cada día de la semana gente que vive lejos en el espacio o que viajan alrededor de la galaxia. Pero en el 1961, era la meta más descabellada que pudiera imaginarse. Hoy sería como proponer que una persona nadara ida y vuelta a través del Océano Pacífico desde California a Japón. A fines de la década del cincuenta y a principios de la década del sesenta, Estados Unidos estaba en una carrera espacial con la Unión Soviética y se estaba quedando atrás. Yo tenía unos diez años cuando oí que la Unión Soviética había puesto en órbita su primer satélite, el *Sputnik*. Me sentí como si me hubiera acostado una noche como el mejor jugador de béisbol de la escuela y al día siguiente saber que Babe Ruth era el nuevo alumno en la clase. ¡Qué golpe tan rudo! Después lanzaron el *Sputnik II* con su primer viajero espacial, la perra Laika. En 1959 enviaron el *Lunik I*, primera máquina espacial que supera el campo de gravedad de la tierra y vuela cerca de la luna. Los soviéticos parecían estar dando «knock-outs» con cada golpe que lanzaban. También enviaron el primer hombre al espacio, y una de sus naves fue la primera en hacer órbitas alrededor de la tierra. Los soviéticos iban ganando.

En medio de esta desastrosa situación, aparece el presidente John Kennedy, se pone de pie ante los Estados Unidos, y dice que veremos un hombre en la luna al final de la década. La mayoría pensó que era imposible. Aun algunos de los ejecutivos de la NASA pensaban que no se podría lograr. Hubo quienes dijeron a Kennedy que querían hacerlo algún día, pero que era solo un *sueño*. No existía la tecnología que permitiera lograrlo, y no estaban seguros de que pudiera existir. Pero eso no detuvo a Kennedy. Él no solo convirtió lo imposible en meta, sino que también le puso un plazo límite.

A pesar de todas las dudas, el 16 de julio de 1969, el *Apolo 11* despegó de la plataforma de lanzamiento 39 del Centro Espacial Kennedy y comenzó un viaje de casi 400.000 kilómetros a la luna. Cuatro días después, Neil Armstrong y Buzz Aldrin alunizaron el módulo *Eagle* y 500 millones de personas vieron por televisión cuando Armstrong dio el primer paso en el fino polvo gris de la luna y dijo sus famosas palabras: «Es el paso pequeño de un hombre, pero un salto gigantesco para la humanidad». Lo habíamos logrado. ¡Habíamos alcanzado lo imposible! Es una pena que el Presidente Kennedy no vivió para verlo.

> **Cuando nuestras actitudes superan nuestras habilidades, aun lo imposible se hace posible.**

¡Que gran acontecimiento en la historia de la humanidad! Quizás no lo crean, pero en ese tiempo el hecho era tan increíble que en la pequeña comunidad de Indiana donde vivía, mucha gente se negó a aceptar que estuviera ocurriendo en la realidad. Conversé con personas que estaban convencidas que las imágenes en blanco y negro de la pantalla del televisor las estaban transmitiendo, no desde la luna, sino desde algún escenario en una base secreta de los Estados Unidos.

SU ACTITUD DETERMINA SU ALTITUD

Ese viaje no debió haber sido posible, pero ocurrió. Es increíble, pero los soviéticos (y ahora los rusos), que iban tan aventajados en la carrera espacial en 1961, aún no han llevado a nadie a la luna. ¿Qué fue lo que nos impulsó a lograr semejante hazaña y en tiempo récord? No fue el poder de nuestra tecnología ni la amenaza de la superioridad soviética en la guerra fría. Pusimos un hombre en la luna porque creímos que podíamos hacerlo. En un abrir y cerrar de ojos, el discurso de John F. Kennedy convirtió el alunizaje en una meta alcanzable en lugar de ser un sueño imposible. Casi no importó dónde estábamos tecnológicamente. El alunizaje se hizo una realidad debido a un cambio de *actitud*. Cuando nuestras actitudes superan nuestras habilidades, aun lo imposible se hace posible.

He conversado con gente que trabajaba en el programa espacial, y me han dicho que la atmósfera era electrizante debido a la expectación. Cada día mientras trabajaban, un pensamiento estaba claro en sus mentes: *Vamos a llevar un hombre a la luna*. La meta del presidente contenía el sueño y estimuló la actitud positiva necesaria para hacer que fuera posible.

Ese es el poder de un sueño *unido* a la actitud positiva. Si tiene una y le falta la otra, no podrá llegar muy lejos en su viaje.

- El sueño sin una actitud positiva resulta en alguien que sueña despierto.
- Una actitud positiva sin un sueño, resulta en una persona agradable que no puede progresar.
- Un sueño con una actitud positiva resulta en una persona con posibilidades y potencial ilimitados.

Para llegar lejos —y en la dirección correcta— necesita ambas cosas. Kennedy lo sabía.

Un sueño por sí mismo no hará nada. En realidad, su actitud no es únicamente una contribución necesaria para ser exitoso. Su actitud— y no la inteligencia, el talento, la educación, la capacidad técnica, la oportunidad, ni siquiera el trabajo arduo— es el factor principal que determina cuán lejos llegará en el viaje del éxito.

Yoghi Berra, cuyos comentarios siempre parecen contener humor y verdad, dijo: «La vida es como el béisbol; noventa y cinco por ciento mental y la otra mitad física». A pesar de su peculiar matemática, Berra sabía cómo la persona promedio desestima el rol de la mente en el proceso del éxito. Si usted tiene inteligencia, talento, educación, conocimiento técnico, oportunidades y una firme ética de trabajo pero le falta la actitud correcta nunca disfrutará del viaje al éxito. Quizás esto sea una idea revolucionaria para usted, así que lo voy a repetir: Si no tiene una buena actitud, nunca disfrutará del viaje al éxito. La buena actitud hace la diferencia. Lowell Peacock dijo: «La actitud es la primera cualidad que marca al hombre de éxito. Si tiene una actitud positiva y es un pensador positivo, que le gustan los desafíos y las situaciones difíciles, entonces ya ha logrado la mitad de su éxito».

QUIÉN Y DÓNDE SE ENCUENTRA HOY ES EL RESULTADO DE SU ACTITUD

Su actitud no solo dirige su futuro sino que también afecta su presente. El psicólogo y filósofo William James, dijo: «El descubrimiento más importante de mi generación es que las personas pueden alterar su vida si cambian la actitud de su mente». Las decisiones que hasta ahora usted ha tomado han sido el resultado de su actitud. Su actitud determina sus acciones, y sus acciones determinan sus logros. Le guste o no pensar al respecto, la persona que usted es y el lugar que ocupa hoy son el resultado de su actitud.

Cuando usted nace, todo está fuera de su control. No eligió sus padres biológicos, cuándo y dónde nacer ni las demás circunstancias. Pero a medida que creció, comenzó a tomar decisiones, y a hacerse responsable por lo que ocurría en su vida. En la adolescencia, se multiplicó el número de decisiones que debía tomar, y para el final de la segunda década de su vida, las decisiones eran totalmente suyas, lo quiera reconocer o no. Ahora mismo, si tiene más de veintiún años, usted es completamente responsable de sus decisiones y de su actitud.

Leí una divertida anécdota del presidente Lincoln que muestra la relación entre nuestras decisiones y su efecto sobre quienes somos. Un consejero de Lincoln le recomendó a una persona para un cargo en su gabinete, pero Lincoln rechazó la sugerencia.

—No me gusta la cara de ese hombre—dijo.

—Pero, señor —dijo el consejero— él no puede ser responsable por su cara.

—Todo hombre de más de cuarenta años es responsable por su cara—fue la respuesta de Lincoln.

Lo que usted es y cómo piensa se puede leer en su rostro. Cuando se mira al espejo y ve una expresión amarga, está viendo la expresión exterior de su actitud.

SU ACTITUD DE HOY ES UNA DECISIÓN

La mayoría de las personas con malas actitudes normalmente señalan algo fuera de sí mismos para explicar su problema. Pero usted no puede culpar a nada ni a nadie por su actitud, esa responsabilidad es solo suya. No es lo le ocurre *a* usted, sino lo que ocurre *en* usted lo que cuenta. Su actitud no está basada en

- *Las circunstancias*: Quizás no pueda controlar lo que le ocurre, pero usted es completamente responsable por la reacción ante lo que le ocurre
- *La crianza*: El pasado ya se fue y está fuera de su control. Usted es responsable de no dejar que lo controle en el presente.
- *Las limitaciones*: Dado que todos enfrentamos limitaciones de alguna especie—falta de talento, limitaciones de dinero, pocas oportunidades, apariencia pobre—usted necesita aprender a vivir con ellas. Como dijo Robert Schuller, sus limitaciones deben ser directrices, no señales de parar. Deben dirigir y guiar su camino en el viaje, pero no impedírselo.
- *Los otros*: Nadie sino usted es responsable de las decisiones

que toma hoy. Puede haber sido dañado o sometido a abusos en el pasado, pero a usted le corresponde vencer esas heridas—como lo haría con una física—y pasar adelante.

La verdad es que cualquiera, no importa cuan *buenas* sean las circunstancias, puede encontrar una razón para tener una actitud negativa. Y cualquier, no importa cuán *malas* sean las circunstancias, puede encontrar la manera de mantener una buena actitud.

Mire la siguiente caricatura tomada de la tira cómica «Crock» de Bill Rechin y Don Guilder. Ilustra el punto que la actitud es una decisión. El trasfondo y las circunstancias pueden haber tenido alguna influencia sobre lo que usted es, pero usted es responsable de lo que llega a ser. Lo que usted hace hoy determina quien será mañana.

En su libro *Go for the Magic*, Pat Williams narra una historia relatada por el escritor deportivo Bob Broeg acerca del jugador de béisbol del Salón de la Fama Stan Musial, quien fue reconocido como uno de los jugadores más consistentes de ese deporte. Un día, cuando Musial jugaba con los Cardenales de San Luis, entró a la casa club un compañero de equipo silbando. Se volvió a Stan y le dijo: «Me siento muy bien. Mi vida en el hogar es feliz. Todo está en orden. Presiento que voy a batear dos hits hoy. ¿Te has sentido así, Stan?»

Sonriendo, Musial lo miró y dijo: «¡Todos los días!»

Uno de los descubrimientos más grandes que puede hacer es que puede cambiar. No importa dónde estaba ayer o cuan negativas hayan sido sus actitudes en el pasado, puede ser más positivo hoy. Eso marca una diferencia increíble en su potencial y en su vida.

Una cita en la puerta del salón de casilleros de los Suns de Phoenix resume la importancia de elegir una actitud positiva. Fue dicha por el ex Celtic de Boston, Bill Russell. Dice: «El juego está en agenda, tenemos que jugarlo; de la misma forma podemos ganar». ¡Qué maravillosa idea! Y de un verdadero triunfador. Mientras Russell jugaba con los Celtics, ganaron once títulos de la NBA (Asociación Nacional de Baloncesto) en trece años. Tener una actitud positiva le sirvió a él; y puede servirle a usted también.

SU ACTITUD DECIDE SU ENFOQUE
DEL VIAJE

Hace varios años se realizó un experimento en una escuela de la Bahía de San Francisco. El director convocó a tres profesores y les dijo: «Como ustedes son los tres profesores mejores del sistema y tienen la mayor experiencia, vamos a darles noventa estudiantes seleccionados por su elevado coeficiente intelectual. Vamos a dejar que ustedes se encarguen de estos estudiantes el próximo año y los lleven a su velocidad y vean cuánto pueden aprender.

Los tres miembros de la facultad, los alumnos y los padres de los alumnos pensaron que era una gran idea. Todos disfrutaron en forma especial ese año escolar. Al final del curso, los alumnos habían tenido un rendimiento entre 20 y 30% más que los demás estudiantes de la zona de la Bahía de San Francisco.

El director llamó a los tres profesores y les dijo: «Tengo que hacerles una confesión. Ustedes no tenían a noventa alumnos con alto coeficiente intelectual. Eran alumnos del montón. Elegimos al azar noventa alumnos del sistema y se los entregamos a ustedes.

Naturalmente, los profesores llegaron a la conclusión que sus excepcionales dotes pedagógicas eran responsables del gran progreso de los alumnos.

«Tengo que hacerles otra confesión», dijo el director. «Ustedes no son los profesores más brillantes. Sus nombres fueron los tres primeros que sacamos del sombrero».

Entonces, ¿por qué los alumnos y los profesores tuvieron ese excepcional nivel de rendimiento por todo un año? La respuesta se puede encontrar en sus actitudes. Tenían una actitud de expectación positiva. Profesores y estudiantes creían en sí mismos y los unos en los otros. Tuvieron ese buen rendimiento porque creyeron que podían.

Su modo de pensar afecta poderosamente su enfoque en el viaje al éxito

Su actitud hacia la vida determina la actitud de la vida hacia usted. Su modo de pensar afecta poderosamente su enfoque en el viaje del éxito.

Lo que creo sobre la vida determina
mi percepción de la vida, lo que a su vez determina
lo que recibo de la vida.

Si espera lo peor, eso recibirá. Si espera lo mejor, aun cuando tropiece con circunstancias negativas —y así será, pues una actitud positiva no las detiene— puede hacer lo mejor de ello y seguir adelante.

MIENTRAS MEJOR SEA SU ACTITUD, MÁS LEJOS LLEGARÁ

Si conversa con personas de las principales organizaciones del país, mientras más arriba vaya, mejores actitudes encontrará. Un estudio de Fortune 500 encontró que el noventa y cuatro por ciento de los ejecutivos entrevistados atribuían su éxito más a la actitud que a otro factor. Eso le muestra que si quiere ir más lejos debe tener una buena actitud.

La actitud afecta mucho más que solo su habilidad para tener éxito en los negocios. Afecta cada aspecto de su vida, aun su salud. Leí de un estudio hecho en el Hospital King's College, en Londres, Inglaterra. Fue hecho entre pacientes de cáncer a quienes se le había practicado mastectomías. Los investigadores del hospital siguieron el progreso de cincuenta y siete mujeres. De las que habían tenido una actitud positiva cuando se les diagnosticó cáncer, siete de cada diez todavía luego de diez años. Pero de las que se dejaron llevar por la desesperación durante el diagnóstico, ocho de cada diez habían muerto. Otras investigaciones médicas siguen encontrando resultados similares. Usted puede ir más lejos en la vida—y vivir más—con una buena actitud que sin ella.

SU ACTITUD ESTABLECE LA DIFERENCIA ENTRE EL ÉXITO Y EL FRACASO

Una buena actitud hace posible que usted sea exitoso. Le da la energía para que pueda seguir su propósito, haga crecer su potencial, y siembre semillas que beneficien a otros. Pero también hace que el viaje sea más agradable en el camino sin importar a donde le lleve. John Wooden —ex entrenador de baloncesto de UCLA— dijo: «Las cosas resultan mejor para la gente que hace lo mejor de la forma como resultan las cosas».

Hace un tiempo atrás jugaba golf con mi amigo Zig Ziglar, una de las personas más positivas que conozco. Me contó la historia de un muchacho llamado Jeb. Durante su crecimiento, su madre entraba en el dormitorio y lo despertaba a las 5:30, diciendo: «Jeb, va a ser un gran día».

Pero eso no era lo que el niño deseaba oír a esa hora de la mañana. Su primer trabajo cada día era salir y traer el carbón para encender el fuego y calentar la casa. Lo aborrecía. Un día cuando ella entró y dijo: «Va a ser un gran día», Jeb respondió bruscamente:

—No, mamá. Va a ser un día asqueroso. Estoy cansado. La casa está fría. No quiero levantarme y traer carbón. ¡Es un día horrible!

—Querido —ella contestó— no sabía que te sentías así. ¿Por qué no vuelves a la cama y duermes otro poco?

—¿Por qué no pensé en esto antes?— se dijo creyendo que había dado en el clavo.

Despertó dos horas después. La casa estaba caliente, y podía oler el desayuno que estaban preparando. Salió de la cama, se vistió y fue a sentarse a la mesa de la cocina.

—Estoy hambriento—dijo. He descansado bien. Ya está listo el desayuno. Esto esta perfecto.

—Querido—dijo la mamá—, hoy no hay comida para ti. ¿Recuerdas que dijiste que iba a ser un día horrible? Como madre, voy a hacer lo mejor que pueda para que tengas un día horrible. Vuelve a tu dormitorio y quédate allí todo el día. No tienes permiso para salir de allí, y no vas a tener nada para comer. Nos veremos mañana a las cinco y media.

Jeb regresó a su dormitorio desanimado y se acostó. Pudo dormir más o menos otra hora. Pero eso era todo lo que una persona puede dormir. Pasó todo el día deprimido en la habitación, con un hambre que crecía con el paso del tiempo. Cuando oscureció volvió a meterse en la cama y trató de dormir.

Despertó varias horas ante del amanecer. Se vistió. Estaba sentado a la orilla de la cama cuando la mamá abrió la puerta de su habitación a las cinco y media. Antes que ella dijera algo, Jeb se puso de pie de un salto y dijo: «Mamá, ¡va a ser un gran día!»

Lo que era cierto para Jeb es cierto para usted también. Usted puede cambiar su actitud. Quizás no pueda cambiar las demás cosas, pero definitivamente puede hacer que su actitud sea más positiva. Si lo trata, pronto descubrirá que la mejor mano de ayuda está en el extremo de su propio brazo.

SIETE SEÑALES DE UNA GRAN ACTITUD

¿Qué significa tener una gran actitud? Probablemente haya escuchado la antigua expresión de que una persona positiva ve un vaso medio lleno en lugar de medio vacío. Esto es cierto, pero solo cuenta una pequeña porción de la historia. Creo que las personas positivas comparten siete cualidades:

1. Creen en sí mismos

Herb True dijo: «Muchas personas tienen éxito cuando otros no creen en ellas. Pero muy rara vez una persona que no cree en sí misma alcanza el éxito». Tenía toda la razón. La primera característica de una persona con una buena actitud es que piensa positivamente de su valor personal.

> **Cuando cree en sí mismo, es libre para enfocarse en mejorar y alcanzar su potencial.**

Aquel que no cree en sí mismo espera lo peor no solo de sí, sino también de los demás. Si tiene una autoestima baja, probablemente tendrá que luchar por enfocarse en cualquier cosa que no sea usted mismo, porque siempre estará preocupado por su aspecto, por lo que otros piensen de usted, y si va o no a fracasar. Sin embargo, cuando cree en sí mismo, es libre para verse bajo una luz más objetiva y enfocarse en mejorar y alcanzar su potencial. Y eso hace toda la diferencia. No es de extrañar que el psicólogo Dr. Joyce Brothers dijera: «No es una exageración decir que una imagen positiva y segura es la mejor preparación para el éxito en la vida».

2. Están dispuestos a ver lo mejor en los demás

Nunca he conocido una persona positiva que no aprecie a las personas y trate de ver lo bueno en ellas. Una forma efectiva de ayudarle a ver lo mejor en los demás es hacer lo que llamo poner un «10» en la cabeza de las personas. Esto es lo que quiero decir: Todos tenemos expectativas de los demás. Pero podemos decidir si las expectativas serán positivas o negativas. Podemos pensar que los otros no valen nada o absolutamente maravillosos. Cuando decidimos esperar lo mejor, y buscamos lo bueno en lugar de lo malo, los estamos viendo como un «10».

La capacidad de hacer esto con los demás es importante por un par de razones. Primero, usted normalmente ve en los demás lo que espera ver. Si constantemente espera ver cosas buenas en otros, es mucho más fácil tener una actitud positiva. Segundo, generalmente la gente mejora para alcanza su nivel de expectativa. Si los trata positivamente, la tendencia es que lo tratarán de la misma manera. Si espera que hagan el trabajo y muestra su confianza en ellos, usualmente tendrán éxito. Y en las ocasiones relativamente raras cuando la gente no lo trata bien, es fácil que no tome esta conducta en forma personal pues usted sabe que ha hecho lo mejor posible, y puede seguir adelante sin permitir que afecte su actitud.

3. Pueden ver oportunidades dondequiera

El filósofo griego Plutarco escribió: «Como las abejas extraen miel del tomillo, la más fuerte y seca de las hierbas, los hombres sensibles suelen sacar ventaja y provecho de las circunstancias más extrañas». Sin importar las circunstancias, la gente positiva ve oportunidades en todo lugar. Entienden que las oportunidades no se basan en la suerte o en la posición. Son el resultado de una actitud correcta. La oportunidad existe donde usted la encuentra.

Una declaración en la revista *Success* hecha por Lois Wyse —presidenta de Wyse Advertising, Inc.— me impresionó porque muestra el entendimiento de la importancia de una actitud positiva y el modo de aplicarla cada día. Ella dijo: «Le digo a mi hija, "siempre di sí, porque nunca les pasa nada a los que dicen no"». Ese puede ser un buen consejo comercial. Es obvio que ella cree que hay oportunidades que esperan ser alcanzadas.

4. Enfocan en las soluciones

De igual manera, la persona con actitud positiva dedica su tiempo y atención a las soluciones, no a los problemas. Casi todas las personas pueden ver los problemas. Para ello no se requiere nada especial. Pero la persona positiva tiene su mente puesta en las soluciones, y ve una solución ante cada problema y una posibilidad en cada imposibilidad. Como lo hace notar Louis D. Brandeis, juez de la Corte Suprema, y en honor a quien se puso nombre a la Universidad Brandeis: «En este mundo, la mayoría de las cosas dignas de hacerse habían sido declaradas imposibles antes de que fueran hechas».

5. Desean dar

Nada tiene un impacto más positivo que el dar a otros. Karl Menninger, psiquiatra, autor, y uno de los fundadores de la Fundación Menninger, dijo: «Rara vez la gente generosa es gente mentalmente enferma». Y es raro que sea gente negativa. Las personas con un espíritu dadivoso son las personas más positivas que conozco, porque dar es el más elevado nivel de vida. Ponen su tiempo y energía en lo que pueden dar a otros y no en lo que pueden obtener de ellos. Mientras más da la persona, mejor su actitud.

Dar es el más elevado nivel de vida.

La mayoría de la gente que no es exitosa no entiende este concepto. Creen que la cantidad que la gente da y su actitud al respecto se basa en lo mucho que tienen. Pero eso no es así. Conozco a muchas personas que tienen muy poco pero son grandes dadores. Y conozco personas que sido bendecidas con dinero, buena familia y maravillosas carreras que son tacaños y sospechan de los demás. La diferencia no está en lo que usted tiene. Está en lo que hace con lo que tiene. Esto se basa completamente en la actitud.

6. *Persistencia*

Don B. Owens, dice: «Mucha gente fracasa en la vida porque creen en el adagio: Si no tienes éxito, prueba otra cosa. Pero el éxito elude a los que siguen ese consejo ... Los sueños que se han hecho realidad son el resultado de personas que se aferraron a sus ambiciones. Se negaron a desanimarse. No permitieron que el desaliento les pusiera la mano encima. Los desafíos solo los estimularon a un mayor esfuerzo». Esas características —la habilidad de aferrarse a sus sueños, vencer el desánimo y seguir adelante a pesar del desaliento— son todos resultados de una buena actitud.

Cuando usted tiene una actitud positiva, es más fácil ser persistente. Si piensa que el éxito está a la vuelta de la esquina, sigue adelante. Cuando cree que todo obra para bien, no le importará una pequeña incomodidad. Y cuando todo se desbarata, usted persiste si tiene una actitud positiva; después de todo, cree que la ayuda ya viene en camino.

7. Responsabilidad por sus vidas

La característica final de una persona positiva es su disposición de asumir la responsabilidad de su propia vida. Una persona sin éxito evade la responsabilidad. Pero una persona de éxito entiende que nada positivo ocurre si no está dispuesto a dar un paso adelante y asumir plena responsabilidad por sus pensamientos y acciones. Solo cuando usted es responsable por usted mismo puede mirarse con honestidad, evaluar sus puntos fuertes y sus puntos débiles, y comenzar a cambiar.

CONSEJOS PARA MANTENER SU ACTITUD EN ÓPTIMA CONDICIÓN

W. W. Ziege dijo: «Nada puede detener que un hombre con una actitud mental correcta alcance sus metas; y nada en el mundo puede ayudar al hombre con una actitud mental incorrecta». Si solo pudiera compartir una cosa de las que poseo, sería mi modo de pensar, pues esto es lo que más me ha ayudado en el viaje al éxito. Mi actitud ha sido mi mayor activo, y puede ser el suyo también. Andrew Carnegie afirmó: «El hombre que adquiere la habilidad para asumir plena posesión de su mente puede tomar posesión de todo lo demás a lo que tiene derecho».

Si usted está en una lucha constante por mantener una actitud positiva, puede utilizar alguna ayuda. Estos son algunos consejos prácticos que le ayudarán en la tarea de tomar plena posesión de su mente y de dar poder a su pensamiento positivo:

Pida responsabilidades, no derechos

La lucha por asegurar sus derechos es una importante fuente de descontento en la gente. Piense en su situación. ¿Ha sido alguna vez tratado injustamente? ¿Ha habido ocasiones en las que no ha recibido todo lo que merece? Es casi seguro que su respuesta a estas preguntas es sí. Vivimos en un mundo imperfecto, y debido a eso, mientras vivamos, no recibiremos una recompensa justa por todo lo que hacemos.

Por lo tanto, tiene que tomar una decisión. ¿Va a desperdiciar tiempo y energía en *lo que pudo haber sido*, o va a enfocarse en *lo que puede ser*? Aun cuando la verdad y la justicia estén de su lado, quizás nunca pueda rectificar las injusticias que ha padecido. El luchar continuamente por sus derechos en un mundo imperfecto pueden convertirlo en un hombre resentido, irritado, rencoroso y amargado. Estas emociones destructivas agotan sus energías y le vuelven negativo. Además, cuando se enfoca en sus derechos, usted mira hacia atrás y no hacia adelante. No puede progresar cuando va por el camino equivocado. Glenn Clark destacó: «Si quieres viajar lejos y con rapidez, viaja con pocas cosas. Despójate de todas tus envidias, celos, rencores, egoísmos y temores».

Cuando deja de preocuparse por sus derechos, va en la dirección correcta y puede continuar con su viaje. Reconoce los errores pero los perdona y se preocupa por lo que puede controlar: sus responsabilidades. Hacer esto aumenta su energía, edifica su potencial y mejora sus perspectivas.

Asóciese con gente positiva

Charles «el tremendo» Jones dijo que la única diferencia entre lo que usted es hoy y lo que será en cinco años viene de los libros que lee y las personas con las que se relaciona. Las personas con las que pasa su tiempo influyen mucho en su actitud. El antiguo adagio es cierto: «Dime con quién andas y te diré quién eres».

El pasar tiempo con gente positiva, le ayuda a ver las cosas desde una mejor perspectiva.

Piense en las personas con las que pasa su tiempo. Aunque nació en una familia, y no pueda elegir las personas con las que trabaja, usted sí puede escoger sus amigos íntimos. Si escoge amigos negativos, también estará eligiendo las actitudes negativas. Pero el pasar tiempo con gente positiva, le ayuda a ver las cosas desde una mejor perspectiva. Henry Ford decía: «Mi mejor amigo es el que hace me hace mostrar lo mejor de mí». Piense en lo que su amigo hace que usted muestre, y si no es lo mejor, podría ser el momento de hacer cambios.

Haga del momento presente el más feliz

La diplomática y ex estrella infantil, Shirley Temple Black contó una historia sobre su marido, Charles y la mamá de este. Cuando Charles era niño, preguntó a su madre cuál era el momento más feliz de su vida.

—Este momento, ahora mismo —respondió ella.

—Pero, ¿qué de todos los momentos felices de tu vida?—dijo sorprendido—¿Qué del día de tu matrimonio?

—En ese entonces mi momento más feliz fue ese—respondió ella—. Ahora mi momento más feliz es ahora. Solo puedes vivir realmente el momento en el que estás. Por eso para mí siempre es ese el momento más feliz.

La madre de Charles Black mostró sabiduría al decir esto.

Cuando usted se enfoca en el pasado o en el futuro, le resta potencial al presente. Pero cuando presta atención a lo que está ocurriendo en el momento y trata de tener una actitud positiva al respecto, usted se abre a todas las posibilidades que contiene el presente.

Descubra cómo aliviar el estrés

El estrés fatiga a las personas y las lleva a tener pensamientos negativos. Por esta razón es tan importante encontrar maneras para liberar las tensiones y reorganizarse mentalmente. Me encanta jugar golf. Me relaja física y mentalmente. El paisaje es hermoso, el juego es estimulante y disfruto la compañía de amigos que también disfrutan el deporte.

Hay otra cosa que me agrada de jugar golf. Cuando he tenido un momento duro tratando con una persona difícil, alivio ese estrés en el campo de golf. Llevo conmigo un marcador con punta fieltro, escribo en la pelota el nombre de quien me está molestando y luego trato de tirar la bola lo más lejos posible. Me siento mejor, y aun cuando saco la bola fuera de los límites permitidos, no me importa. Puedo perder un tiro y una bola, pero también me he desecho mentalmente del amigo que me molestaba.

Recuerdo una vez, mientras jugaba golf, que realmente necesitaba deshacerme de algo de presión. Escribí en la bola el nombre de una persona que me había hecho pasar momentos muy desagradables durante la semana. Lo llamaré Jorge. Entonces puso la pelota sobre la té y le di un golpe con el palo número uno. Pienso que traté de darle demasiado impulso, porque no le pegué bien. La pelota golpeó en un árbol, rebotó y se devolvió hacia donde estaba. Rodó y quedó a menos de un pie de donde yo estaba. La recogí, la eché al bolsillo y tomé aquello como señal de Dios de que aún no había terminado con Jorge.

Encuentre una forma positiva de eliminar el estrés en su vida. Recomiendo algo activo que requiera concentración mental y esfuerzo físico. Juegue golf, tire dardos, batee bolas de béisbol, juegue raquetbol, remueva la tierra de su jardín, haga una larga caminata con algún amigo. Lo que haga no tiene importancia mientras logre aliviar el estrés y tenga un efecto positivo en su pensamiento y su salud.

No se tome demasiado en serio

Escuché una anécdota sobre tres hombres de negocios que comparaban ideas acerca de lo que significaba tener éxito.

—Diría que lo alcancé—dijo el primero—, si fuera llamado a la Casa Blanca para una entrevista personal y privada con el presidente de los Estados Unidos.

—Para mí—dijo el segundo—, el éxito sería estar reunido con el presidente en el Salón Oval, que suene el teléfono para emergencias y ver que el presidente lo ignora.

—No, los dos están equivocados—dijo el tercero—. Eres un éxito si estás en una consulta privada con el presidente, suena el teléfono de emergencias, él lo levanta y dice: «Es para usted».

El problema de muchas personas sin éxito es que se toman demasiado en serio. Piensan del éxito en la misma forma que las personas de la anécdota. Pero el éxito depende más de su actitud que de lo importante que piensa que usted es. La vida debería ser divertida. Aun si su trabajo es importante y deba tomarlo en serio, eso no significa que *usted* se tome en serio. Irá más lejos en la vida y lo pasará mejor al hacerlo si mantiene un buen sentido del humor, especialmente cuando se trata de usted mismo.

Tome acción para cambiar su actitud

La calidad de su vida y la duración de su viaje al éxito depende de su actitud, y usted es la única persona del mundo que tiene el poder de mejorarla. El Dr. William Glasser sostuvo: «Si quiere cambiar sus actitudes, comience con un cambio de conducta. En otras palabras, comience a jugar —de la mejor forma posible— el papel de la persona que quiere ser, la persona en la que quiere convertirse. Gradualmente, la persona antigua comenzará a desvanecerse».

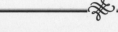

Tiene que *actuar* el cambio.

El cambio requiere acción. La mayoría de las personas esperan hasta sentir el deseo de cambiar de actitud. Pero eso solo los deja esperando porque tienen el orden del proceso a la inversa. Si espera hasta tener ganas para tratar de cambiar de actitud, nunca cambiará. Usted tiene que *actuar* para producir el cambio.

> Un acto de voluntad
> le pondrá en acción;
> Y su acción positiva
> le llevará a una actitud positiva.

Según Henry Ford, «Sea que pienses que puedes o que no puedes, tienes razón». La mente, más que cualquiera otra cosa, determina cuán lejos llegarás en el viaje del éxito. Le mostraré lo que quiero decir con una anécdota sobre mi amigo Pablo Nanney. Es más o menos de mi edad, y nos conocemos hace unos quince años. Su actitud positiva no solo le ha ayudado a tener éxito; también le ha salvado la vida.

Cuando era joven, Pablo llegó a la conclusión de que la gente vive la vida al revés. Se percató que la gente trabaja arduamente la mayor parte de la vida y espera llegar a la edad de retirarse para divertirse. Pero muchos de ellos están demasiado «quemados» cuando se retiran y no pueden disfrutarlo. Por lo tanto, él decidió vivir su vida de otra manera. Se propuso ganar suficiente dinero—en forma rápida, pero honrada—para retirarse a los treinta años. Y así lo hizo. En pocos años hizo suficiente dinero para que le durara toda la vida, y no ha tenido que trabajar desde que tenía veintinueve años.

Pablo tiene varios pasatiempos e intereses. Su favorito es volar, y lo ha hecho desde su adolescencia. En 1976, Pablo decidió llevar su interés a un nuevo nivel. Planificó volar solo alrededor del mundo en un avión Piper Club. Volar alrededor del mundo es de por sí una hazaña difícil. Pero adquiere otro sentido cuando entiendes que un Piper Club es un avioncito muy liviano cuyas alas y fuselaje son de tela. Antes que Pablo lo intentara, nadie había hecho un vuelo oficial alrededor del mundo en un avión tan ligero (menos de mil kilos). Luego Pablo le contaría a otros sobre su viaje por el Atlántico norte, «Me sentí como que tenía mucho en común con Lindbergh, salvo que él tenía un avión más grande y mejor equipado».

El viaje de Pablo comenzó en San Diego, California y lo llevó a través de los Estados Unidos hasta Canadá. Esa parte del vuelo fue buena, pero el resto del viaje se convirtió en una serie de problemas, vicisitudes y casi desastres. En Groenlandia, las alas del avión acumularon hielo y se vio forzado a trazar una nueva ruta de vuelo. Lucho con vientos huracanados. En el Mediterráneo, descubrió la antigua animosidad entre los griegos y los turcos cuando expresó su intención de volar desde Kerkyra, Grecia hasta Estambul, Turquía. Un oficial griego le dijo: «No puede volar desde aquí hacia allá. Derribarán su avión. Y si ellos no lo hacen, lo haremos nosotros».

Además se encontró con docenas de otros problemas, como tratar de encontrar combustible en el Medio Oriente, pasar todo un día viajando a una refinería de petróleo en Delhi para comprar dos litros de combustible o volar a través del terrible monzón de la Bahía de Bengala. Pablo dice que es el vuelo más difícil que jamás haya realizado. Durante diez horas y media de terror —mientras volaba en medio de truenos y rayos— su avión iba como un pedazo de papel que de pronto estaba a 6.000 metros de altitud y pronta caía a 300 metros. Mientras luchaba con los controles de la máquina, todo lo que podía pensar era el miedo que sentía por los tiburones y cómo le estarían esperando en el océano si se estrellaba.

Mientras seguía con su viaje, su actitud positiva fue su aliado más poderoso. No solo lo llevó a través de los monzones y los repetidos problemas con agentes aduaneros y oficiales de aviación, sino también mantuvo su espíritu en alto cuando se tropezaba con largas detenciones, como cuando tuvo que esperar una semana en Manila tratando de conseguir el permiso para volar a Japón. Sin embargo, cuando más le sirvió la actitud positiva fue en lo que se convirtió en la última parte de su travesía.

Después de esperar por una semana a que pasara el mal tiempo en Japón, Pablo finalmente salió hacia las Islas Aleutianas, cerca de la costa de Alaska. Era la etapa más larga de su viaje, y había poco margen de error debido a la cantidad de combustible que requería el vuelo. Aun si todo resultaba perfecto, para lograrlo tendría que hacer un «aterrizaje de emergencia» intencional en una base de un Comando Estratégico de la Fuerza Aérea cuando el combustible estuviera muy bajo.

Pero Pablo tuvo un problema durante el vuelo. Más o menos en la mitad del vuelo, recibió un informe del tiempo que lo hizo cambiar el curso. Navegaba sin la sofisticada instrumentación electrónica, y usaba solo la brújula y el reloj, de modo que planeaba hallar la isla usando la señal de la base cuando estuviera cerca de ella. Lo que no sabía que la señal de la base no estaba transmitiendo. Y encima de eso, el último informe del tiempo que había recibido no era certero, por lo que iba fuera de ruta. Hasta donde podía ver, lo único que tenía por delante era océano; y se quedó sin combustible.

La buena actitud que lo había sostenido en los problemas logísticos fue sometida a su más dura prueba. Esta determinaría si moría o vivía.

El piloto de un avión militar que estaba cerca le habló a Pablo mientras este planeaba hacia la superficie del mar. Su voz era solemne y le preguntó a Pablo si tenía un último deseo. A pesar de la situación, Pablo confiaba en que lo lograría, y lo logró. Cayó en las gélidas aguas del norte del Océano Pacífico, y se sostuvo durante dos horas y media hasta que un pesquero japonés lo recogió; de lo que luego los médicos le dirían que era imposible debido a la temperatura. Perdió el avión y la oportunidad de tener el récord mundial que estaba tratando de establecer, pero vivió para contar la historia. «Desde el principio, todo fue como una aventura de Huckleberry Finn», dijo Pablo. «Desde el momento que despegué, no estaba seguro de lo que ocurriría ni dónde aterrizaría. Pero sabía que lo lograría».

El dramaturgo Neil Simon dice: «No escuchen a quienes dicen: "Así no se hace". Quizás no sea así, pero quizás tú lo hagas de todos modos. No escuches a los que dicen. "Te estás arriesgando demasiado". Si Miguel Ángel hubiera pintado el piso de la Capilla Sixtina ya se habría borrado».

Ese es el tipo de espíritu que tiene Pablo; su actitud positiva lo acompaño todo el tiempo. «Hace tiempo que aprendí a no escuchar a quienes me decían que no podría hacer algo», dice Pablo. «Si lo hubiera hecho nunca habría emprendido ese viaje». Ni le habría casi dado la vuelta al mundo. Su actitud lo ha llevado lejos, tanto en el aire como en el camino del éxito.

¿En qué condición está su actitud? ¿Lo llevará muy lejos en el camino del éxito?

Pasos para dar en el camino:
¿Cuán lejos puedo llegar?

Ahora es un buen momento para darle un vistazo a su actitud. Responda las siguientes preguntas y declaraciones con la mayor honestidad posible.

1. Derechos o responsabilidades: ¿Sobre cuál tiendo a hablar más con los demás? Si la respuesta es «derechos», ¿qué puedo hacer para cambiar esa actitud?

_____

_____

2. Personas: ¿Cuál es la persona más positiva que conozco? Escriba su nombre a continuación. Haga una cita con esa persona y pregúntele qué hace para mantenerse positivo.

_____

3. Estrés: Nombre algunas formas positivas para aliviar su estrés, y programe algún tiempo para la próxima semana para practicar por lo menos una de ellas:

a) _____

b) _____

c) _____

4. Humor: Durante la próxima semana, diga por lo menos a una persona una anécdota divertida acerca de un error que haya cometido recientemente o un incidente que le hizo sentirse como un necio. Disfruten juntos el chiste. (Si la persona es un amigo y se muestra sorprendido o incómodo, cuéntele cómo usted se ha tomado muy en serio).

5. Afirmación de su actitud: Escriba su credo personal acerca de la actitud positiva, en el que establezca su intención de convertirse en una persona positiva.

_____
_____
_____
_____

Capítulo 4

¿DÓNDE ENCUENTRO EL MAPA DEL CAMINO?

¿Cuándo fue la última vez que salió un domingo a dar un paseo en auto? Esta no es una actividad muy popular en estos días, pero lo era cuando yo era joven. Y era la actividad favorita de los Raimey, unos maravillosos vecinos que tuve cuando era niño. El señor Raimey decía: «¡Todo el mundo arriba! Vamos, súbanse al auto y vamos a dar una vuelta», mientras reunía a su familia y ocasionalmente a un niño vecino como yo que estaba jugando al lado de su casa. Y nos íbamos. Vivíamos en Circleville, Ohio, y nuestros paseos dominicales nos llevaban a lugares exóticos como Lanchaste, Chillicithe, y hasta Columbus. Era una gran aventura para nosotros. El Sr. Raimey guiaba por caminos de tierra y carreteras que pasaban a través de granjas y campos de Ohio. Nunca estábamos seguros de lo que veíamos.

Esos paseos dominicales eran entretenidos. Si teníamos suerte, y encontrábamos alguna tiendita en el camino, el señor Raimey se detenía, y todos nos bajábamos. El señor Raimey y su esposa nos compraban una Coca Cola o un helado a cada uno. Era una manera maravillosa de pasar la tarde. Pero para decirle la verdad, a través de los años he encontrado a mucha gente que trata la vida como un paseo dominical. Parece que dijeran: «Salgamos a veremos a dónde llegamos». Están dispuestos a dejar que la vida los lleve a donde quiera. No soy científico, pero he notado que la fuerza de gravedad suele llevar todo hacia abajo. Y sin planificación ni dirección, la vida de una persona puede hacer lo mismo.

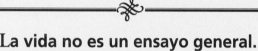

La vida no es un ensayo general.

Me encantan las buenas aventuras como a cualquiera, pero no estoy dispuesto a arriesgar mi potencial ni a dejar de cumplir mi propósito por sentarme pasivamente a esperar que las cosas ocurran a la antigua. La vida no es un ensayo general. Solo tenemos una oportunidad, y si no la aprovechamos al máximo, nada podemos hacer para que el tiempo retroceda e intentarlo otra vez.

Esa es una de las razones por la que mi esposa Margaret y yo somos planificadores. Creemos en la preparación de muchas cosas en la vida, incluyendo el ir de viaje. Hacemos un mapa de todo nuestro itinerario porque así ya sabemos los lugares que queremos visitar, las tiendas donde queremos comprar, y aun algunos lugares en donde queremos comer.

La mayoría de los viajeros está solo marginalmente organizados cuando emprenden un viaje. Usualmente llegan al aeropuerto de la ciudad que visitan, recogen su equipaje, tratan de obtener la dirección de su hotel, se registran, acomodan sus pertenencias y descansan. Entonces toman tiempo para pensar en lo que quieren hacer primero. Cuando comienza la diversión ya han perdido gran parte de su día.

En contraste, cuando Margaret y yo viajamos, tenemos un sistema en el que dividimos los deberes para salir más rápido del aeropuerto. Y mientras las demás personas que venían en el mismo vuelo están tratando de encontrar dónde recoger su equipaje, nosotros ya vamos en camino a hacer nuestra primera parada de las vacaciones.

Este tipo de planificación siempre ha dado sus frutos. Siempre obtenemos más de cada momento. Cuando conversamos con amigos acerca de lugares que ellos y nosotros hemos visitado, generalmente nos damos cuenta que hemos visto los mismos lugares que ellos más otros lugares de interés que ellos hubieran querido visitar.

Si planificar unas vacaciones puede compensar de esa manera, imagínese el poder de planificar nuestro viaje del éxito. Sin planificación, su progreso en la vida será como el de un paseo dominical sin rumbo, en el que se pueden ver unas pocas cosas interesantes, pero se pierde lo verdaderamente increíble que el viaje pudo haber sido.

TIPOS DE «VIAJEROS»

Mientras conversaba con algunas personas acerca de viajar, al preparar este libro, les pregunté sobre su método de planificar un viaje. Descubrí que en una u otra ocasión, casi todos habían estado en un viaje organizado por otra persona —un agente de viajes, un familiar, un grupo de la iglesia o el patrono— pero casi todos preferían los que habían planificado personalmente. Algunos, como Stephanie Wetzel, habían estado en viajes mal organizados dentro y fuera del país y se prometieron planificar personalmente sus próximos viajes. Lynd y Kathy Fitzgerald, una pareja de trotamundos que habían viajado por todos los Estados Unidos, a través del Oriente, y hasta en el Polo Norte, usan un agente de viajes para hacer las reservaciones de vuelos y hoteles, pero investigan y planifican sus actividades por sí mismos.

Mientras más confianza tengan los viajeros, más probabilidad hay de que hagan sus propios planes. Pero interesantemente, cuando se trata del viaje de la vida, la gente es muy diferente. ¿Sabía usted que la mayoría de la gente dedica más tiempo a la planificación de sus vacaciones que a la planificación de su vida? Si nos basamos en cómo la gente emplea el tiempo de planificación, pensaría que tienen dos semanas de trabajo cada año y cincuenta semanas de vacaciones.

Si observa el modo en que las personas enfocan el proceso de planificación del viaje de la vida, pienso que verá que se ajustan a estas categorías:

- *Vicente, la víctima*: Es muy presto a decir que no es culpa suya el hecho de no ir a ninguna parte en la vida. No hace planes porque ocupa su tiempo y energías en cosas que quedan fuera de su control, muchas veces cosas del pasado. Frecuentemente culpa a otros por su falta de progreso y parece estar más preocupado en la búsqueda de excusas que en captar las oportunidades de progreso. En su opinión, todos los demás y todo lo demás —y no él— lo han convertido en lo que es actualmente.

- *Federico, pies lerdos*: A Federico no le preocupa demasiado el pasado y no quiere pensar en el futuro. Su interés es el presente. En efecto, ama tanto el presente que está dispuesto a hacer casi todo para mantener el *status quo*. Aborrece los cambios y los evita a toda costa. Si hace planes, son para mantener las cosas tal como están.

- *Débora, la soñadora*: A Débora le encanta hacer planes, y pasa en eso la mayor parte de su tiempo. El problema es que nunca lleva sus planes a la acción. A menudo tiene grandes ideas y dice que quiere tener éxito, pero no quiere enfrentar ningún riesgo. No está dispuesta a pagar el precio requerido para avanzar en el viaje del éxito.

- *Miguel, el motivado*: Finalmente tenemos a Miguel. Enfoca la mayor parte de su tiempo en el presente, y hace lo mejor para maximizar su potencial. Pero una razón por la que es tan efectivo hoy es porque ayer pasó parte de su tiempo haciendo planes. Como resultado, se ha concentrado en su propósito, crece hacia su potencial y está sembrando semillas que beneficien a otros con el flujo positivo de su vida.

LAS METAS CREAN EL MAPA AL ÉXITO

¿Qué es lo que separa a Miguel, el motivado, del resto? La respuesta es que tiene metas. Ha identificado lo que quiere hacer para cumplir su propósito y maximizar su potencial. En el viaje del éxito, las metas que usted establece se convierten en su mapa. Para avanzar necesita algún tipo de mapa, no porque usted espere llegar a algún destino final, sino porque le muestra *cómo emprender el viaje*. En el viaje al éxito, la primera parte del viaje es tan importante como la última parte. Lo principal es avanzar constantemente *hacia* su destino. El fijarse metas es la mejor manera de asegurar que esto ocurra.

En el viaje al éxito la primera parte del viaje es tan importante como la última parte.

Piense en lo que involucra emprender un largo viaje en automóvil. Por ejemplo, digamos que usted decide viajar de Dallas a Chicago. Si nunca antes ha hecho el viaje, usted no entraría al auto y diría: «Sé que Chicago está al norte de Dallas, así que tomaré la primera calle que vaya al norte y seguiré guiando». Esto no tendría sentido. No, primero usted miraría un mapa, consideraría las rutas que puede tomar, elegiría la mejor, basado en el tipo de carreteras por las que le gusta viajar y lo que le gustaría ver en su recorrido. Quizás su mejor plan para viajar desde Dallas sería comenzar viajando al este por la carretera interestatal 30, seguir hacia Texarkana y luego subir hacia Little Rock. Luego pasaría a la ruta interestatal 40 y se dirigiría a Memphis. Desde allí seguiría paralelo al río Mississippi por la interestatal 55, pasando por San Luis, Springfield y Bloomington hasta llegar a Chicago.

El caso es que el viaje no se planifica por sí mismo. Usted tiene que planificarlo. Si usted simplemente comienza a conducir, nadie puede decir a dónde llegará. Pero cuando lo planifica de antemano y sabe hacia donde va, puede hacer el viaje con éxito y disfrutarlo a lo largo del camino.

Si usted ha sido miembro de una organización como la Asociación Automovilística Americana (AAA-compañía nacional norteamericana que presta servicios de emergencia en las carreteras), quizás les haya pedido ayuda para planificar un viaje. Usted les dice el punto de partida y el destino, y ellos planifican una ruta para usted, le dan un tríptico, un mapa paso a paso y le señalan cada ciudad por donde tiene que pasar, y qué paisajes puede ver en el camino.

Comenzar el viaje del éxito requiere la misma atención a los detalles que un viaje a Chicago. Es necesario dividirlo en segmentos pequeños para hacerlo más manejable. Las metas son como puntos en el tríptico de un viajero. Cada uno le conduce al siguiente y le lleva más lejos y en la dirección correcta. Juntos, le ponen en ruta hacia su destino. Si en el camino hace un viraje equivocado, se da cuenta y puede hacer fácilmente lo ajustes que le permiten volver a la ruta correcta.

Cuando tiene un plan y sabe a donde va, puede evitar la situación en la que se encontró el juez de la Corte Suprema Oliver Wendell Holmes, según una historia que una vez escuché. Aparentemente, mientras hacia un viaje en tren, Holmes puso su boleto en un lugar incorrecto. Lo buscó, obviamente irritado, mientras el conductor esperaba. Finalmente el funcionario del tren le dijo a Holmes: «Su Señoría, si no encuentra el boleto simplemente puede enviarlo luego por correo a la estación del tren. Lo conocemos y confiamos en usted».

Holmes replicó: «No estoy tan preocupado por entregarle mi boleto. Solo quiero saber para donde voy».

Las metas se encargan de ese tipo de problemas porque hacen posible que usted siempre sepa hacia dónde va. Con ellas, usted será capaz de cumplir su propósito en la vida y vivir su sueño. A continuación, algunas maneras en que las metas hacen esto:

Las metas delinean su sentido de propósito

Es asombrosa la cantidad de personas que carecen de un firme sentido de propósito. Desdichadamente, la falta de dirección parece ir aumentando en lugar de disminuir. La escritora Catherine Anne Porter, ganadora del premio Pulitzer, comentó: «Estoy aterrada por la carencia de objetivos con que vive la mayoría de las personas. El cincuenta por ciento no presta atención al rumbo que lleva; el cuarenta por ciento está indeciso e irá en cualquier dirección. Solo el diez por ciento sabe lo que quiere y ni siquiera todos ellos lo persiguen».

Las metas le dan algo concreto para enfocarse, y eso tiene un impacto positivo en sus acciones. Como dijo James Allen: «Usted se volverá tan pequeño como el deseo que lo controla, tan grande como su aspiración dominante». Las metas le ayudan a enfocar su atención en su propósito y, ese propósito se convierte en una aspiración dominante. Le ayudan a saber hacia dónde se dirige. Como dijo el filósofo y poeta Ralph Waldo Emerson: «El mundo le abre camino al hombre que sabe hacia donde se dirige».

Las metas le dicen «¡siga!»

El millonario industrial Andrew Carnegie dijo: «No puedes empujar a nadie hacia arriba de la escalera a menos que esté dispuesto a subirla por sí mismo». Lo mismo tiene vigencia para una persona en el viaje del éxito. No querrá avanzar si no está motivada. Las metas pueden ayudar a dar la motivación. Paul Myer comentaba: «Nadie logra algo de importancia sin una meta... El trazar metas es la fuerza humana más poderosa para la automotivación».

Piense en esto. ¿Cuál es uno de los motivadores más importantes del mundo? El éxito. Cuando toma una gran actividad (como su sueño) y la divide en partes más pequeñas manejables (metas), usted se programa para el éxito porque hace lo que quiere para lograrlo. Cada vez que logra una meta pequeña, experimenta el éxito. ¡Y eso es motivador! Alcance suficientes de sus pequeñas metas y estará dando un paso gigantesco hacia la realización de su propósito y el desarrollo de su potencial.

Las metas no solo le ayudan a desarrollar esa motivación inicial al hacer su sueño alcanzable, sino que también le ayudan a continuar motivado, y eso crea su *momentum*. Una vez que esté avanzando en el viaje del éxito será muy difícil detenerlo. El proceso es similar a lo que ocurre con un tren. Lograr que salga es la parte más difícil del viaje. Mientras está detenido, se puede prevenir que un tren avance con bloques de madera de una pulgada debajo de cada una de las ruedas motrices. Sin embargo, una vez el tren gana velocidad, ni siquiera una muralla de concreto reforzado con acero de un metro y medio de espesor puede detenerlo.

El vínculo entre las metas y la motivación es increíble. Tuve la fortuna de descubrirlo cuando estaba en cuarto grado. Me gustaba jugar baloncesto. Mi padre, que siempre nos incentivaba a mi hermano, a mi hermana y a mí a seguir nuestros intereses y desarrollar nuestro potencial, decidió hacer una pequeña cancha de baloncesto en el patio. Primero, tiró una piso de cemento al lado de la casa. Cuando se secó, puso un tablero en el garaje. Pero cuando se disponía a colocar el aro en el tablero, lo llamaron repentinamente y tuvo que viajar fuera de la ciudad para atender una emergencia.

Al principio no me importó. Estaba tan contento con tener una cancha de cemento, que supuse que era suficiente con rebotar la pelota y lanzarla al tablero. Así que me fui al patio a experimentar la emoción de jugar en mi propia cancha. Comencé a rebotar la pelota. Primero lo hice con mi mano derecha, luego con la izquierda. Hacía rebotar la pelota por entre las piernas, y luego alrededor de mi cuerpo. Todo eso me tomó cinco minutos. Entonces comencé a tirar al tablero. Lancé la pelota y golpeó el tablero como un trueno y luego cayó al suelo y rebotó alejándose. Lancé la pelota repetidas veces. Pero era inútil. Después de dos minutos me había cansado. Sin un aro al cual hacer los lanzamientos, no había una razón para seguir jugando.

Es como ir por la vida sin metas. Sus actividades le dan algún placer, pero mantenerlas por mucho tiempo es difícil. Sin embargo, establecer y alcanzar sus metas crea una energía positiva que lo motiva a seguir adelante aun cuando surjan los obstáculos.

Las metas le muestran qué hacer

Toda la motivación del mundo es inútil si se desperdicia en cosas que no importan. Las metas le ayudan a establecer prioridades, y le dirigen para que se dedique a lo que es importante. ¿Cuántas personas exitosas ha conocido que sean incapaces de priorizar, que pongan el mismo énfasis y energía a lo trivial y a lo fundamental? Me atrevería adivinar que su respuesta es *nadie*. Nadie cumple su propósito, desarrolla su potencial o ayuda consistemente a otros sin tener metas. Sus metas determinan sus prioridades, y sus prioridades determinan si logrará o no sus metas.

Las metas mantienen su atención en el presente. Como lo expresa el escritor, poeta y político inglés Hilaire Belloc: «Mientras está soñando con el futuro o lamentándose del pasado, el presente, que es todo lo que tiene, se le escapa entre los dedos y desaparece». Para ser exitoso, usted debe vivir y trabajar en el presente porque es ahí donde tiene el poder de realmente lograr algo.

Las metas mantienen su enfoque en mejorar, no en la actividad

Como mencioné anteriormente, la mayoría de las personas sin éxito se aferran a la idea de que el éxito es un destino. En este punto, usted ya está comenzando a ver que el éxito es realmente un viaje. Pero no deje que ese conocimiento le haga creer que solo con actividad se volvera exitoso. No es así. La verdadera clave para el éxito y para alcanzar su potencial descansa en su capacidad de mejorar continuamente. La actividad aislada no hace nada por usted. Puede distraerle de alcanzar su potencial si llega a sustituir el mejoramiento. Pero cuando usted establece las metas adecuadas y trabaja para alcanzarlas en lugar de simplemente mantenerse ocupado, el mejoramiento no solo es alcanzable, es inevitable.

Las metas va marcando el camino al progreso

Mencioné antes que cuando tiene metas, usted puede darse cuenta rápidamente cuando se ha salido del camino. Pero las metas también le ayudan a ver *cómo avanza* mientras está en el camino. Cada vez que alcanza una meta no solo puede decir que ha progresado; también puede ver *cuán lejos* ha llegado. Las metas van marcando su progreso en el camino del éxito.

Todos tenemos la necesidad innata de saber cómo vamos progresando. Margaret y yo tuvimos la oportunidad de ver claro ejemplo de esto cuando tomamos juntos un largo vuelo a Asia. En el avión, en las pantallas que generalmente se proyectan películas y la información sobre seguridad las estaban usando para mostrar un gran mapa del mundo y la posición actual del avión. A medida que transcurría el tiempo y veíamos el pequeño avión en la pantalla que cruzaba el Océano Pacífico, teníamos un recordatorio visual del progreso que estábamos teniendo.

CÓMO CREAR SU MAPA DEL CAMINO

Cuando usted se compromete con su sueño y lo expresa en metas alcanzables, se provee a sí mismo un recordatorio visual del rumbo que lleva y cómo espera llegar al otro lado. Es parte del proceso al éxito:

> Su sueño determina sus metas.
> Sus metas trazan sus acciones.
> Sus acciones crean resultados.
> Los resultados le traen éxito.

Para hacer el viaje al éxito, tiene que comenzar con un sueño. Pero ese sueño solo se hará realidad si usted crea un puente entre sus intenciones y sus acciones al identificar una serie de metas.

Entonces, ¿cómo inicia el proceso de crear metas para su viaje al éxito? Solo siga este *MAPA*.

Reconozca su sueño

Todo comienza con su sueño. Es una expresión del propósito de su vida y determina lo que para usted significa alcanzar su potencial. Si puede articular claramente su sueño, puede crear un mapa para su viaje. Si no puede, el viaje será prácticamente imposible. Si respondió las preguntas en la sección «Pasos para dar en el camino», al final del capítulo dos, entonces está listo para comenzar el proceso de crear su mapa del camino. Si no lo ha hecho, vuelva atrás y hágalo ahora. No tendrá éxito mientras no sepa a dónde quiere ir. Como afirmaba el presidente Woodrow Wilson: «Crecemos por los sueños».

Observe su punto de partida

Es verdad que usted no puede iniciar el viaje al éxito hasta que sepa a dónde quiere ir. Pero tampoco puede ser exitoso si no sabe dónde está comenzando. Las dos piezas de información son necesarias para hacer el viaje. Como dijo Eric Forre, conocido como «el filósofo estibador»: «Para ser *diferentes* de lo que somos, tenemos que estar *conscientes* de lo que somos» (Énfasis añadido).

Comience por examinarse tan honestamente como pueda. Observe sus puntos fuertes, sus puntos débiles, sus experiencias, educación y recursos. Cuando esté consciente de dónde está, hágase las siguientes preguntas:

- *¿Qué tanta distancia tendré que viajar?* Si su sueño es ganar suficiente dinero para retirarse en diez años (como en el caso de mi amigo Paul Nanney), entonces necesita calcular exactamente cuánto dinero necesita para lograr su meta. Si su meta es ser enfermera o ingeniero, solo necesita ponerse en contacto con universidades para obtener información sobre programas de estudio, costos de matrícula, políticas de admisión, y detalles similares. No importa lo que quiera hacer, tendrá que viajar alguna distancia para lograrlo. Necesita saber cuánta distancia tendrá que recorrer.

No importa de dónde comienza su viaje, hay cosas a su favor.

- *¿Qué tengo a mi favor?* No importa de dónde comienza su viaje, hay cosas a su favor. Si su sueño es tener un negocio, la habilidad de administrar dinero será un gran activo. Si para usted el éxito consiste en criar bien sus hijos, y ama a sus hijos y tiene la capacidad de enseñar, ya lleva una ventaja en el juego. Vea las cosas que le permitirán comenzar con ventaja. Y no mire solo las habilidades inherentes. Mire las circunstancias, los recursos y los contactos.

- *¿Qué cosas tengo que vencer?* También tendrá algunas cosas en su contra. Si su sueño requiere que tenga un grado académico, pero tiene problemas para leer, ese es un obstáculo que tendrá que vencer. Si desea ser futbolista profesional, pero mide apenas 1,68 de estatura y pesa 65 kilos, su físico definitivamente estará en su contra. No importa cuál sea su meta, el desear que sus puntos débiles desaparecezcan no le va a ayudar. Tiene que mirarse con honestidad en su punto de partida y debe prepararse para vencer los obstáculos.
- *¿Cuál será el costo del viaje?* Cada viaje tiene sus costos. Estos costos pueden ser en función del tiempo, energía, finanzas, decisiones, sacrificios o una combinación de factores. Tendrá que decidir si está dispuesto a pagar el precio. (El capítulo 7 trata esto con mayor profundidad).

Usted podrá definir su sueño con más precisión si piensa en él y lo mide en relación con su punto de partida. Comenzará a tener un cuadro más claro de lo que es importante para usted y de lo que está dispuesto a dar —y a renunciar— para ser exitoso. También estará en una mejor posición para identificar sus metas específicas.

Enuncie una declaración de propósito

Una vez haya pensado más en su sueño y este se vaya haciendo más claro en su mente, estará listo para dar otro paso: escribir una declaración de propósito basada en su sueño y en lo que tiene la intención de hacer mientras va en esa dirección. Creo que podría llamarlo su filosofía para el viaje al éxito. Comience con la definición general de éxito que presenté en el primer capítulo: Éxito es conocer su propósito en la vida, crecer para alcanzar su máximo potencial, y sembrar semillas que beneficien a los demás. Luego abunde sobre esto. Su meta es terminar con una declaración única y concisa que exprese lo que usted quiere hacer en su vida. Su definición del éxito, sus metas y el ochenta por ciento de sus actividades diarias deben encajar dentro del contexto de su declaración de propósito.

Estos son algunos ejemplos de declaraciones de propósito para que entienda lo que quiero decir:

El experto en administración Bob Buford: «La misión de mi vida es: Transformar la energía latente en el cristianismo de América en energía activa».

La abogada y escritora Freya Ottem Hanson: «Ofrecer servicios compasivos, completos y competentes en su práctica de la ley, escribir palabras que provoquen en otros cambios que agraden a Dios, y hacer que su vida una que bendiga a la humanidad».

Mi investigador y redactor personal Charlie Wetzel: «A través de la redacción, la enseñanza y la consejería, deseo inspirar a las personas hacia la grandeza ayudándoles a descubrir su propósito, a desarrollar su relación con Dios y a alcanzar su potencial».

Su declaración propósito nacerá naturalmente de su sueño, sus valores y convicciones. Así que crearla no es un hecho rápido de un solo momento. En cambio, la mayoría de las personas la desarrolla y la pule en el curso de un par años. Cuando escriba la suya, recuerde que no debe esperar que sea perfecta de primera intención. Redáctela en la mejor forma que pueda, y haga planes para hacer cambios a medida que descubre más acerca de usted mismo y refina la visión para su vida.

Defina sus metas

Luego de escribir su declaración, estará listo para identificar sus metas: su mapa para el viaje al éxito. Estas serán actividades o logros que planifica alcanzar para llevar a cabo su propósito, desarrollar su potencial y ayudar a otros. Use las siguientes directrices para mantener las metas en la mira. Las metas deben ser

- *Escritas*: Una meta adecuadamente establecida está medio lograda, y una meta escrita está establecida. El proceso de escribir las metas le ayuda a clarificar lo que intenta hacer, a entender la importancia de sus metas y a comprometerse con lograrlas. El escribir sus metas lo hace más responsable.
- *Personales*: Un error común que las personas cometen es identificar como meta algo que está fuera de su control. Por ejemplo, muchas personas dicen que su meta es ganar la lotería. O dicen que su meta es que su cónyuge los trate mejor. Pero no tienen ningún control sobre estas cosas. Para que sea legítima, usted debe tener el poder para alcanzarla y ponerla en acción. Al escribir cada meta, asegúrese que pasa esa prueba.
- *Específicas*: La clave para hacer que una meta sea alcanzable es hacerla específica. Piense en lo que ocurriría si usted fuera a un restaurante y dijera al mozo que le recibe el pedido: «Quiero comida, por favor». Nadie puede decir lo que recibirá. Lo mismo aplica al establecer una meta. Tiene que detallar lo que intenta hacer. Si la meta es grande, divídala en tareas más pequeñas, manejables. Usted no puede hacer lo que no pueda expresar en forma específica.
- *Alcanzables*: La gente exitosa establece metas que no están a la mano, pero sí están a la vista. William Mobley, profesor de la Universidad de Carolina del Sur, dijo: «Una de las cosas más importantes en el golf es la presencia de metas claras. Usted ve los banderines, conoce el par —no es ni demasiado fácil ni inalcanzable— conoce su puntaje promedio, y hay metas competitivas». A medida que va identificando sus metas, querrá identificar las actividades que requerirán que usted trabaje y se esfuerce. Nunca las ponga tan distantes, tan lejos de su alcance que no pueda lograrlas. Usted se desani-

mará identificando para usted una meta que no puede alcanzar. Las metas necesitan motivar, no intimidar.

- *Medibles*: Las metas solo tienen valor si le ayudan a mejorar personalmente y a desarrollar su potencial. Por eso deben ser medibles. Establezca sus metas en forma tan objetiva como sea posible de modo que pueda responder con un simple sí o no cuando se pregunte «¿he alcanzado esta meta?»
- *Sensibles al tiempo*: Una meta ha sido llamada un sueño con fecha límite. Esto es así porque sin una fecha límite la mayoría de las metas nunca pasarían de sueño a realidad. Cuando establezca cada meta, escriba la fecha para completarla. Si no lo hace puede meterse en problemas. Por ejemplo, si alguna vez ha comprado una casa, puede imaginar lo que hubiera ocurrido si no hubiera establecido una fecha para el cierre de la compra. Podría haberse presentado con un camión de mudanza cargado de sus muebles solo para encontrar que los dueños anteriores todavía no habían hecho ni siquiera la primera caja. Hubiera sido un desastre. Establecer una fecha para las transacciones de bienes raíces ayuda a garantizar que puede tomar posesión de su propiedad en el tiempo señalado. De la misma manera, establecer un plazo para cada meta le ayuda a asegurar que podrá tomar posesión de ella.

Entre en acción

El poeta y novelista alemán Johann Wolfang von Goethe dijo una vez: «Pensar es fácil, actuar es difícil y poner los pensamientos en acción es lo más difícil en el mundo». Quizás por esto muy pocas personas se mantienen y trabajan con sus metas. Según Gregg Harris, dos tercios de las personas entrevistadas (sesenta y siete de cada cien) establecen metas. Sin embargo, de los sesenta y siete, solo diez tienen planes realistas para alcanzarlas. Y de esos diez, solo dos las siguen y las llevan a cabo.

La clave para actuar en sus metas es comenzar. El presidente Franklin Delano Roosevelt dijo: «Es sentido común tomar un método y probarlo. Si falla, reconózcalo con franqueza y pruebe otro. Pero, por sobre todo, pruebe algo». Es un buen consejo. No necesita ser perfecto; solo necesita progresar. O como dice el proverbio chino: «No temas ir despacio; solo ten miedo de quedarte quieto».

Ajuste sus planes

Mientras trabaja en sus metas, necesitará evaluar su progreso e ir revisándolas continuamente para hacer ajustes. Algunas metas no contribuirán realmente a su sueño ni a su propósito y tendrá que eliminarlas. Otras necesitarán modificación. Y en algunos casos, simplemente fracasará. Pero como dijo el presidente Abraham Lincoln: «Mi gran preocupación no es si ha fracasado, sino si está contento con su fracaso».

Debe hacer planes para revisar y actualizar sus metas continuamente.

A medida que trabaja para lograr sus metas, piense en esto: A pesar de que debe esforzarse por escribir una declaración de propósito que durará para toda su vida, debe también hacer planes para revisar y actualizar sus metas continuamente.

Señales sus exitos y celebre

Finalmente, mientras va logrando algunas de sus metas, tome tiempo para celebrar. Usted lo merece. Reconozca sus éxitos, y edifique sobre ellos, recordando siempre que su objetivo no es lograr todas sus metas sino mejorar constantemente. El novelista William Faulkner, ganador del premio Nóbel, dijo: «Siempre sueña y apunta más alto de lo que sabes puedes hacer.

No te preocupes por ser mejor que tus contemporáneos o predecesores. Trata de ser mejor que tú». Usted está tratando de cumplir su propósito, de alcanzar su potencial, y de ayudar a otros, no está tratando de llegar a un destino.

El fundador de la cadena de tiendas por departamento J.C. Penney, declaró: «Deme un empleado de almacén con una meta y yo le daré un hombre que hará historia. Deme un hombre sin una meta y le daré un empleado de almacén». Penney reconocía el poder y la importancia de las metas. Mientras usted trabaja en ellas, ellas trabajan en usted. Lo que usted obtiene al lograr sus metas no es tan importante como lo que *usted llega a ser* al lograrlas. En el caso de Penney, hizo más que hacerse rico al edificar una cadena de 1,600 tiendas por departamento con ventas mayores a los cuatro mil millones de dólares. Él desarrolló su potencial y el de otros y dio generosamente para obras de caridad y ayudó a personas que trabajaban para él. Después de hacer pública su compañía en 1927, dio acciones a todos sus gerentes e incluyó a todos los empleado en un programa de repartición de ganancias. Es evidente que halló su propósito, creció en su potencial, y sembró semillas para beneficio de otros. Verdaderamente tuvo éxito.

Mientras me he establecido metas a lo largo de los años, lo he hecho sin demasiado rigor. Nunca sé lo que va pasar, y necesito ser flexible. Durante mi vida he recibido bendiciones increíbles. Creo que Dios ha sido muy bueno conmigo. Nunca esperé escribir libros o hablar a miles de personas cada año, pero eso es lo que hago. Mi deseo ha sido siempre hacer la diferencia en la vida de las personas y se me ha permitido hacerlo. Cada vez que he identificado una meta importante en mi vida, mis más altas expectativas han sido superadas.

A medida que usted explora su sueño, pondera su propósito e identifica sus metas, prepárese para las cosas maravillosas que ocurrirán. No se puede decir lo que ocurrirá en el viaje al éxito. Al final, su vida puede superar sus expectativas. Pero tiene que empezar en algún punto para cumplir su sueño, y establecer metas es un excelente punto de partida

PASOS PARA DAR EN EL CAMINO:
¿Dónde encuentro el mapa del camino?

Comience a crear un mapa para su viaje al éxito.

1. Reconozca su sueño: Vaya al final del capítulo dos y mire su respuesta a la pregunta número tres. (Si pudiera ser todo lo que quisiera, ¿qué sería?) Escriba aquí esa respuesta:

_____

2. Observe su punto de partida: Piense en el lugar dónde está comenzando y cuán lejos está de su sueño. Aun cuando le parezca un largo viaje, no se desaliente. Algunas personas han viajado distancias increíbles para llegar a donde están hoy. Responda las siguientes preguntas:

a) ¿Qué tan grande es la distancia que tiene que viajar? Escriba una declaración que describa la distancia que deberá viajar para vivir su sueño y que afirme su determinación de dedicarse a esa tarea:

_____
_____
_____

b) ¿Qué condiciones tiene a su favor? ¿Cuáles son sus mayores activos para lograr estas metas?

1 _____
2 _____
3 _____

c) ¿Qué tendrá que superar? Menciones tres cosas que puede controlar y que se interponen entre usted y el logro de su sueño.

1 _____

2 _____

3 _____

d) ¿Cuánto le costará hacer el viaje? ¿Qué cosas tendrá que pagar o sacrificar para ver cumplido su sueño?

En dinero: _____

En tiempo: _____

En relaciones: _____

En el trabajo o carrera del presente: _____

En comodidades/lujos: _____

En otros aspectos: _____

3. Enuncie una declaración de propósito: Escriba una declaración de propósito basada en todo el trabajo que haya hecho hasta este punto:

_____

_____

_____

_____

4. Defina sus metas de acuerdo a su propósito: Escriba las metas básicas que necesita alcanzar para cumplir su sueño y vivir su declaración de propósito en la vida diaria.

a) _____

b) _____

c) _____

d) _____

e) _____

f) _____

g) _____

Cómo
crecer hacia
su máximo
potencial

Capítulo 5

❧

¿QUÉ DEBO PONER EN MI MALETA?

❧

¿Alguna vez ha observado a alguien empacar sus maletas para un largo viaje? Es asombroso. Algunos salen por la puerta sin llevar las cosas esenciales. Otros, como mi hermana Trish, parece que van a empacar todo el ropero. Recuerdo que una vez Margaret y yo nos preparábamos para ir al aeropuerto a buscar a Trish y su esposo Steve, que venían a San Diego para una visita de una semana. Le dije a Margaret: «Es mejor que vayamos en dos autos. Tú sabes como es Trish. No podremos acomodar todo el equipaje en un solo auto». Efectivamente, cuando los recogimos, necesitamos los dos autos para acomodar todo el equipaje, ¡y uno de ellos era un Lincoln Town Car, con un maletero enorme!

Como conferencista, me toca viajar mucho, y parece que siempre me estoy preparando para un viaje. Durante los últimos diez años, he viajado más de 2.5 millones de millas aéreas solo en una aerolínea. Pero soy afortunado porque Margaret me ayuda cuando estoy preparándome para un viaje. Usualmente le dejo saber qué clase de conferencias y compromisos voy a tener, y ella empaca toda la ropa y los efectos personales que necesitaré.

Pero paso por otro proceso de empaque antes de salir de viaje: preparar mi maletín. El asunto es que siempre trabajo durante el viaje. Escribo, leo, reviso informes y otras tareas similares. Siempre me sorprendo cuando me monto en el avión, comienzo a prepararme para trabajar y veo a un hombre de negocios sentado a mi lado mirando por la ventanilla. No puedo creer que no tenga nada que hacer, y me siento tentado a decirle: «Ya que usted no tiene nada que hacer, ¿puedo pasarle un par de cosas para que me ayude antes que el avión aterrice en Dallas?»

Aun sin tener la ayuda de otros, logro hacer una gran cantidad de trabajo en el camino porque tengo un secreto: dedico varias horas a organizar mi maletín antes de emprender el viaje. Estudio mi itinerario para ver los espacios de tiempo libre que tendré —durante el vuelo, al final del día en la pieza del hotel, entre compromisos para dictar conferencias— y verifico qué trabajos debo tener listos para las próximas semanas. Entonces reúno todo el material que necesitaré durante el viaje: carpetas de notas e ideas para alguna lección, citas de mis archivos, libros y revistas que quiero leer y de las que quiero sacar información, informes que necesito leer, correspondencia que debo responder.

El secreto para que este sistema sea eficaz es el tiempo que le dedico antes del viaje. Desde que comencé a hacerlo, nunca he estado en el camino pensando: «Podría haber terminado este proyecto o acabar tal conferencia si solo hubiera recordado traer tal o cual cosa».

A través de los años, me he dado cuenta que si no uso de una estrategia de trabajo, me meto en problemas porque mi agenda de compromisos está muy cargada. Aun cuando tengo una estrategia, me he rodeado de un personal excelente que me ayuda a llevar la carga. Mi buen amigo Dick Peterson administra INJOY. Kevin —director de seminarios de INJOY— programa y coordina las conferencias y seminarios. Nuestro agente de viajes, Carin, se encarga de mis vuelos y la transportación. Linda, mi maravillosa asistente, organiza mi itinerario y me da toda la información necesaria para el viaje. Puedo delegar casi todo en mi vida, pero *nunca* dejo que alguien prepare mi trabajo del camino o empaque mi maletín. Hay algunas cosas que solo usted puede hacer.

CÓMO EMPACAR PARA EL VIAJE AL ÉXITO

Mientras se prepara para emprender el viaje al éxito, hay una actividad esencial que solo usted puede realizar. Es el equivalente a preparar su maletín, pues determina lo que será capaz de lograr durante su viaje. Esa actividad es preparar y seguir un plan de crecimiento personal. Ese proceso, más que cualquiera otra cosa, determinará si seguirá creciendo hacia su máximo potencial. Como dice un antiguo proverbio irlandés: «Tienes que procurar tu propio crecimiento, sin importar cuán grade sea tu padre». En otras palabras, nada en su pasado le garantiza que seguirá creciendo hacia su potencial en el futuro: ni las posiciones alcanzadas, los grados obtenidos, la experiencia ganada, los pre-

Nada en su pasado le garantiza que usted seguirá creciendo hacia su potencial en el futuro

mios recibidos ni las fortunas adquiridas. Planificar su crecimiento —y luego seguirlo— es lo único que funciona.

Hace un par de años, mientras dictaba una conferencia sobre liderazgo, un hombre de unos sesenta años se me acercó durante un receso y me dijo:

—He aprendido tanto en esta conferencia, que quisiera haberle escuchado hace veinte años.

—No, no es así. Usted no hubiera querido escucharme hace veinte años—dije sonriendo.

—¿Por qué dice eso? —preguntó.

—Hace veinte años—respondí—, no tenía nada que decir. No sabía de estas cosas—que el liderazgo es influencia, cómo detectar a un líder, el principio 80/20. Todo lo que estoy compartiendo con usted esta mañana es el resultado de años de continuo aprendizaje y crecimiento.

Siempre han sido muy importantes para mí el deseo y la disciplina para seguir creciendo. Cuando crecía, mi padre me puso en un plan de lectura. Cada día me exigía que leyera durante treinta minutos de libros que él seleccionaba. Cuando obtuve mi primera licencia de conducir, mi padre puso un libro en la guantera y me dijo: «Hijo, nunca viajes sin un libro. Si te quedas atascado, puedes usar el tiempo en la lectura y mejorar como persona». Papá también me envió a seminarios, como el de Dale Carnegie, «Cómo ganar amigos e influir sobre las personas» mientras aún estaba en la enseñanza secundaria.

El plan de crecimiento de mi padre de seguro me ayudó a aprender el valor del crecimiento personal, y cuando tuve diecisiete años, tomé un rol más activo en mi desarrollo personal. En ese momento, comencé a leer sistemáticamente y a poner en archivos citas impresionantes de libros y revistas. Había aprendido que, a largo plazo, los atajos no tienen compensación. Si iba a tener una oportunidad para alcanzar mi potencial, tendría que seguir aprendiendo, creciendo y mejorando.

CRECER ES CAMBIO

El poeta Robert Browning escribió: «¿Para qué estamos en la tierra sino para crecer?» Casi todo el mundo coincide en que crecer es bueno, pero muy pocos se dedican a este proceso. ¿Por qué? Porque requiere cambio, y la mayoría de las personas no quiere cambiar. Pero la verdad es que sin cambio el crecimiento es imposible. El autor Gail Sheehy afirmó: «Si no cambiamos, no crecemos. Si no crecemos, no vivimos. El crecimiento exige la rendición temporal de la seguridad. Puede significar renunciar a patrones familiares pero limitantes, seguros pero que no compensan, valores en los que ya no creemos, relaciones que han perdido su significado. Como lo dijo Dostoevsky, "dar un nuevo paso, pronunciar una nueva palabra es lo que la gente más teme". El verdadero temor debería ser el camino opuesto».

No puedo pensar en nada peor que tener una vida estancada, sin cambios ni mejoramiento.

CRECER ES UNA DECISIÓN

La mayoría de la gente lucha contra el cambio, especialmente cuando los afecta personalmente. Como lo dijo el novelista Leon Tolstoi: «Todos quieren cambiar el mundo, pero nadie piensa en cambiarse a sí mismo». Lo irónico es que el cambio es inevitable. Todos tenemos que tratar con él. Por otra parte, el cambio es optativo. Usted decide crecer o lucharle en contra.

> **Crecer es una decisión que puede hacer realmente la diferencia**

Pero entienda esto: La gente que no está dispuesta a crecer *nunca* alcanzará su potencial.

En uno de sus libros, mi amigo Howard Hendricks pregunta: «¿En qué ha cambiado... recientemente? Digamos, ¿en la última semana? ¿en el último mes? o ¿en el último año? ¿Puede ser *bien* específico?» Él sabe que la gente tiende a cambiar de carril cuando se trata de crecimiento y cambio. Crecer es una decisión; una decisión que puede hacer realmente la diferencia en la vida de una persona. La mayoría de las personas no se da cuenta que las personas exitosas y las que no tienen éxito no se diferencian sustancialmente en sus capacidades. Solo varían en el deseo de alcanzar su potencial. Nada es más eficaz cuando se trata de alcanzar el potencial que el compromiso con el crecimiento personal.

PERMÍTAME AYUDARLE A EMPACAR

Hacer el cambio de ser alguien que aprende ocasionalmente a convertirse en alguien que se dedica al crecimiento personal va en contra del modo de vivir de la mayoría de la gente. Si le pregunta a cien personas cuántos libros han leído por decisión propia desde que terminaron sus estudios (escuela superior o universidad), apuesto a que solo unos pocos dirían que han leído más de un par de libros. Si les preguntara cuántos han escuchado cintas y han asistido voluntariamente a conferencias y seminarios sobre crecimiento personal, serían todavía menos. La mayoría de las personas celebran cuando han recibido su diploma o grado y se dicen: «¡Al fin se acabó! Ahora lo que necesito es un buen trabajo. Acabé con mis estudios». Pero ese pensamiento no lo lleva más allá que al promedio. Si usted quiere emprender el viaje al éxito, tiene que seguir creciendo.

Como alguien que ha dedicado su vida al crecimiento y desarrollo personal, me gustaría ayudarle a dar el salto que lo convierta en uno que busca su desarrollo personal con dedicación. Es el camino por el que debe andar si quiere alcanzar su potencial. Además de esto, tiene otro beneficio: produce contentamiento. Las personas más felices que conozco están creciendo todos los días.

Observe los diez principios que aparecen a continuación. Le

> ## La persona que alcanza su potencial piensa en función de su mejoramiento.

ayudarán a convertirse en una persona dedicada al crecimiento personal:

1. Escoja una vida de crecimiento

Se dice que cuando el chelista español Pablo Casals estaba en sus últimos años, un joven periodista le preguntó: «Señor Casals, tiene noventa y cinco años y es el más grande chelista que haya existido. ¿Por qué practica todavía seis horas diarias?»

¿Cuál fue la respuesta de Casals? «Porque creo que estoy progresando». Ese es el tipo de dedicación al crecimiento continuo que usted debe tener. La persona que alcanza su potencial, sin importar su profesión o trasfondo, piensa en términos de mejoramiento. Si usted cree que puede «mantenerse firme» y todavía hacer el viaje al éxito, está equivocado. Necesita tener una actitud como la del General George Patton. Se cuenta que decía a sus soldados: «Hay una cosa que quiero que recuerden. No quiero recibir mensajes que digan que nos estamos manteniendo en la misma posición. Nosotros avanzamos constantemente». El lema de Patton era: «Siempre toma la ofensiva; nunca te atrincheres».

La única manera de mejorar su calidad de vida es mejorar personalmente. Si quiere que su organización crezca, usted debe crecer como líder. Si quiere tener mejores hijos, debe convertirse en una mejor persona. Si quiere que otros lo traten con bondad, debe desarrollar mejores destrezas con la gente. No hay un método seguro para hacer que mejoren las demás personas o su ambiente. Lo único que realmente puede mejorar es a usted mismo. Lo asombroso es que cuando lo hace, todo lo demás a su alrededor mejora repentinamente. Así que lo esencial es que si usted quiere iniciar el viaje al éxito, debe vivir una vida de crecimiento. Y la única forma en que *crecerá* es que usted decida crecer.

2. *Comience a crecer hoy*

Napoleón Hill dijo: «Lo que cuenta no es lo que vas a hacer, sino lo que estás haciendo ahora». Muchas personas sin éxito tienen lo que llamo el «síndrome de algún día», pues podrían hacer algunas cosas para hoy mismo dar valor a sus vidas y no las hacen. Las dejan a un lado y dicen que lo harán *algún día*. El lema es «uno de estos días». Pero como dice el antiguo proverbio inglés: «*Uno* de estos días significa *ninguno* de estos días». La mejor manera de asegurar el éxito es comenzar a crecer hoy mismo. No importa dónde comience, no se desaliente; todo el que llegó donde está comenzó en donde estaba.

¿Por qué necesita decidirse a comenzar a crecer hoy? He aquí varias razones:

- *El crecimiento no es automático*. En mi libro Breakthrough Parenting, menciono que usted puede ser joven una sola vez, pero puede ser inmaduro indefinidamente. Esto se debe a que el crecimiento no es automático. El hecho de que usted se ponga viejo no significa necesariamente que esté creciendo. A medida que un cangrejo o una langosta crece tiene que desprenderse de su caparazón. Pero esa no es la tendencia de la gente. El camino hacia el nivel siguiente es cuesta arriba, y se requiere esfuerzo para continuar creciendo. Mientras más pronto comience, más cerca estará de alcanzar su potencial
- *El crecimiento de hoy resultará en un mejor mañana*. Todo lo que usted hace hoy tiene sus bases en lo que hizo ayer. Y todas eso junto, determinará lo que ocurrirá mañana. Esto es

especialmente válido en relación al crecimiento. Oliver Wendell Holmes ofreció su opinión: «La mente del hombre, una vez expandida por una nueva idea, jamás vuelve a su dimensión original». El crecimiento de hoy es una inversión para mañana.

• *El crecimiento es su responsabilidad.* Cuando usted era un niño pequeño, sus padres eran responsables por usted, aun por su crecimiento y educación. Ahora como adulto, esa responsabilidad es totalmente suya. Si no hace *crecer* su responsabilidad, nunca se producirá.

No hay mejor tiempo para comenzar que ahora mismo. Reconozca la importancia que el crecimiento personal tiene en el éxito, y dedíquese a desarrollar su potencial hoy.

3. Esté dispuesto a que le enseñen

John Wooden, ex entrenador de baloncesto de la UCLA, es un inspirador ejemplo de crecimiento personal. Él se desarrollaba a sí mismo continuamente, y hacía lo mismo con sus jugadores, tratando de ayudarles a alcanzar su potencial. Uno de los dichos de Wooden que más me gusta es: «Lo que cuenta es lo que aprendes *después* de saber». Wooden reconocía que el obstáculo más grande para el crecimiento no es la ignorancia: Es el conocimiento. Mientras más aprende, mayor es la posibilidad de creer que lo sabe todo. Y si esto ocurre, la persona asume una actitud en la que no se puede le puede enseñar, y ya no hay crecimiento ni mejoramiento.

Wooden siguió aprendiendo y creciendo, a pesar de estar en la cumbre de su profesión. Por ejemplo, después de ganar un campeonato nacional —un logro que la mayoría de los entrenadores universitarios nunca alcanza— deshizo la línea ofensiva que había usado durante años y organizó una completamente nueva con el propósito de maximizar el potencial de su equipo y el talento de un jugador: Lewis Alcindor, conocido ahora como Karim Abdul-Jabbar. El resultdo fue que él y su equipo avanzaron a un nivel más elevado de juego y ganaron en forma consecutiva tres campeonatos nacionales. Si usted va a alcanzar su potencial, tiene que mantenerse en crecimiento como lo hizo John Wooden. Cuando se mantiene dispuesto a aprender, su potencial es casi ilimitado.

4. *Enfóquese en el desarrollo personal, no en la realización personal*

En el área del crecimiento personal ha habido un cambio de enfoque durante los últimos treinta años. A fines de la década del sesenta y a principio de la del setenta, la gente comenzó a hablar de «encontrarse a sí mismos», queriendo decir que buscaban un camino hacia una plena realización personal. Esto es como hacer de la felicidad una meta pues la realización personal se relaciona con sentirse bien.

Pero el desarrollo personal es diferente. Es cierto que gran parte del tiempo le hará sentirse bien, pero ese es un beneficio marginal, no la meta. El desarrollo personal es un llamado superior; es el desarrollo de su potencial de modo que pueda alcanzar el propósito para el cual fue creado. Hay momentos en que esto es realización, pero hay otros en que no lo es. No importa cómo se sienta, el desarrollo personal tiene siempre un efecto: le lleva hacia su destino. El Rabino Samuel M. Silver enseñaba que «el más grande de todos los milagros es que no necesitamos ser mañana lo que somos hoy, pero podemos mejorar si usamos el potencial que Dios hay puesto en nosotros».

5. *No se conforme con los logros de hoy*

Mi amigo Rick Warren dice: «El peor enemigo del éxito de mañana es el éxito de hoy». Y tiene razón. Pensar que usted ha «llegado», cuando alcanza una meta es lo mismo que pensar que lo sabe todo. Esto le quita el deseo de aprender. Es otra característica del síndrome del destino. Sin embargo, la gente exitosa no se sienta cómodamente y descansa sobre sus laureles. Saben que ganar —al igual que perder— es algo temporero, y que tienen que seguir creciendo para mantenerse exitosos. Charles Handy

El desarrollo personal le lleva a su destino.

comentó: «Una de las paradojas del éxito es que las cosas y los caminos que te llevaron hasta allí, suelen ser las cosas que te detienen allí».

No importa cuánto éxito tenga hoy, no se vuelva complaciente. Siga con hambre. Sydney Harris insistía que «un ganador sabe cuánto más tiene que aprender, aun si es considerado un experto por los demás; el perdedor quiere ser considerado experto por otros antes de aprender lo necesario para saber cuán poco sabe». No se quede en su zona de comodidad, y no permita que el éxito se le suba a la cabeza. Disfrute brevemente su éxito, y siga avanzando hacia un mayor crecimiento.

6. Sea un alumno continuo

La mejor manera de no quedarse solo con la satisfacción de lo alcanzado es convertirse en un alumno continuo. Ese tipo de compromiso puede ser más raro de lo que usted puede pensar. Por ejemplo, un estudio realizado por la Universidad de Michigan hace varios años, descubrió que un tercio de todos los médicos de los Estados Unidos están tan atareados con su trabajo que están dos años atrasados respecto a los avances en su campo.

Si quiere ser un alumno continuo y seguir creciendo a lo largo de su vida, tendrá que hacerse de tiempo para ello. Tendrá que hacer lo que pueda donde quiera que se encuentre. Como dijo

Henry Ford: «He observado que la gente más exitosa toma ventaja durante el tiempo que los demás desperdician».

Esa es una razón por la que llevo libros y revistas cuando viajo. Durante los momentos perdidos —como esperar una conexión en un aeropuerto— puedo revisar un montón de revistas, leer y recortar artículos. O puedo adelantar la lectura de un libro, aprender los principales conceptos y tomar citas que puedo usar posteriormente. Y cuando estoy en mi ciudad, maximizo mi tiempo de aprendizaje al escuchar continuamente cintas instructivas mientras voy en mi auto.

Frank A. Clark afirma: «La mayoría de nosotros debe aprender mucho cada día para mantener la delantera a lo que olvidamos». Aprender algo cada día es la esencia de ser un alumno continuo. Debe mantenerse mejorando personalmente, no solo para adquirir conocimientos que reemplacen lo que ha olvidado o lo que ya es obsoleto, sino para edificar sobre lo que aprendió ayer.

7. Enfóquese solo en unos pocos temas importantes

El autor C. S. Lewis afirmó: «Cada persona está compuesta de unos pocos temas». A medida que se desarrolla, usted debe identificar y enfocarse en esos pocos temas que son el corazón de lo que usted es. Es lo que he hecho a lo largo de los años, y esto ha traído increíbles beneficios en mi desarrollo. Mi vida está enfocada en la gente. Mi propósito es enseñar liderazgo y ayudar a las personas en su crecimiento para alcanzar su potencial, de modo que he limitado mi desarrollo personal a las siguientes áreas:

- *Relaciones*, las que determinan cuán bien *conozco* a las personas
- *Actitud*, lo que determina cuán bien me *relaciono* con las personas

- *Comunicación*, lo que determina cuán bien motivo a las personas

> ## Dedique su tiempo y energía solo a los temas que son el corazón de su vida.

- *Liderazgo*, lo que determina cuán bien influyo sobre las personas
- *Crecimiento personal*, lo que determina cuánto desarrollo en las otras áreas

Dónde enfoca su atención dependerá de su propósito, de cómo desea ayudar a los demás, y lo que significa para usted alcanzar su potencial. Al principio, quizás se vea tentado a prestar atención a demasiadas cosas. Pero afine su enfoque. Dedique su tiempo y energía solo a los temas que son el corazón de su vida.

8. Desarrolle un plan de crecimiento

La clave para una vida de continuo aprendizaje y mejoramiento radica en el desarrollo de un plan específico de crecimiento y seguirlo fielmente. Recomiendo un plan que requiere una hora diaria, cinco días a la semana. Lo uso como patrón debido a una cita de Earl Nightingale, que dice: «Si una persona dedica una hora diaria al mismo tema por cinco años, será un experto en esa materia». ¿No es una promesa increíble? Muestra lo lejos que podemos llegar cuando tenemos la disciplina de hacer del crecimiento una práctica diaria.

En las conferencias de liderazgo, recomiendo el siguiente plan de crecimiento a los participantes:

Lunes: Tenga un devocional de una hora para el desarrollo de su vida espiritual.

Martes: Dedique una hora a escuchar una cinta sobre liderazgo.

Miércoles: Dedique una hora a archivar citas y a reflexionar sobre el contenido de la cinta del martes.

Jueves: Dedique una hora a la lectura de un libro sobre liderazgo.

Viernes: Dedique media hora a la lectura de un libro y otra media hora a archivar y reflexionar.

A medida que desarrolla su plan de crecimiento, comience por identificar las tres a cinco áreas en las que desea crecer. Luego busque material de utilidad: libros, revistas, cintas, videos, e incorpórelos a su plan. Le recomiendo que haga el plan de leer doce libros y escuchar cincuenta y dos cintas (o leer cincuenta y dos artículos) cada año. No importa como lo haga, pero hágalo diariamente. De esta manera es más probable que siga el plan y lo alcance que si periódicamente lo abandona y luego trata de retomarlo.

9. *Pague el precio*

Antes mencioné que la realización personal se enfoca en hacer que la persona se sienta feliz, mientras que el desarrollo personal se propone ayudar a una persona a alcanzar su potencial. El trueque con el crecimiento es que a veces es incómodo. Requiere disciplina. Requiere tiempo que usted podría dedicar a entretenerse. Cuesta dinero comprar materiales. Tiene que enfrentar continuamente el cambio y asumir riesgos. Y a veces es sencillamente solitario. Cuando el precio se eleva mucho es cuando mucha gente deja de crecer.

Pero el precio que se paga por el crecimiento siempre vale la pena pues la alternativa es una vida limitada y un potencial sin alcanzar. El éxito necesita esfuerzo, y usted no puede iniciar el viaje si se sienta a esperar que la vida venga y lo mejore. El presidente Teodoro Roosevelt dijo osadamente: «Todavía no ha habido una persona en nuestra historia que haya llevado una vida cómoda y cuyo nombre sea digno de recordar». Esas palabras eran ciertas cuando las dijo hace casi cien años atrás y todavía hoy tienen vigencia.

> **Las personas exitosas desarrollan diariamente hábitos positivos que las ayudan a crecer y a aprender.**

10. *Halle la manera de aplicar lo que aprende*

Jim Rohn exhortó: «No permitas que el aprendizaje te lleve al conocimiento. Permite que tu aprendizaje te lleve a la acción». En el desarrollo personal lo importante es la acción. Si su vida no comienza a cambiar como resultado de lo que aprende, entonces tiene uno de los siguientes problemas: No está prestando suficiente tiempo y atención a su plan de crecimiento; está enfocando demasiado tiempo en áreas erróneas: o *está aplicando lo que aprende*.

Las personas exitosas desarrollan diariamente hábitos positivos que las ayudan a crecer y a aprender. Una de las cosas que hago para asegurarme que no pierdo lo que aprendo es archivar. En mi oficina tengo más de 1200 carpetas llenas de artículos e información, y tengo miles y miles de citas. Pero además hago el esfuerzo de aplicar la información tan pronto como la aprendo. Cuando aprendo algo nuevo me hago las siguientes preguntas:

- ¿Dónde puedo usarla?
- ¿Cuándo puedo usarla?
- ¿Quién más necesita saber esto?

Estas preguntas apartan mi foco de solo adquirir conocimiento y lo pone en aplicar lo que aprendo a mi vida. Trate de usarlas. Pienso que le ayudarán de la misma manera que me ayudan a mí.

Fred Smith —autor y experto en liderazgo— hizo una afirmación que resume en qué consiste el compromiso de crecer personalmente. El dijo:

«Hay algo en la naturaleza humana que nos tienta a quedarnos donde nos sentimos cómodos. Tratamos de hallar una meseta —un lugar de reposo— donde tenemos un estrés confortable y las finanzas adecuadas. Donde tenemos relaciones cómodas con otras personas, sin intimidarnos por tener que conocer nuevas personas o entrar en situaciones extrañas.

De hecho, todos necesitamos descansar en algún momento. Subimos y luego descansamos para asimilarnos. Pero tan pronto asimilamos lo aprendido, seguimos escalando. Es desafortunado cuando dejamos de escalar. Cuando hacemos nuestra última escalada, estamos viejos, sea que tengamos cuarenta u ochenta años».

No importa lo que haga, no se quede en la llanura. Dedíquese a escalar la montaña del potencial personal, un poco a la vez, a lo largo de su vida. Es un viaje del que nunca se arrepentirá. Según la novelista George Elliot: «Nunca es demasiado tarde para que seas lo que podrías haber sido».

CREE UNA ATMÓSFERA DE CRECIMIENTO

Antes mencioné que el compromiso con el crecimiento continuo tiene momentos difíciles como otros momentos que recompensan. Pero hay un modo de hacer que el viaje, en general, sea más agradable: Puede vivir en un ambiente que lo conduzca al crecimiento. Así como el crecimiento de un pez tropical se li-

La complacencia mata el crecimiento.

mita al tamaño del acuario en que vive, a usted lo afecta su ambiente. Si sus circunstancias presentes no le ayudan a crecer,
pasará muchísimo trabajo al tratar de alcanzar su potencial.

Por eso es fundamental crear una atmósfera de crecimiento a
su alrededor. Ese tipo de lugar debería verse así:

- *Otros van delante de usted*: Cuando se rodea de personas de
  quienes puede aprender —en vez de personas que aprenden
  de usted— es más probable que crezca.
- *Se siente desafiado*: La complacencia mata el crecimiento.
- *Su enfoque está adelante*: Si piensa más en el pasado que en el
  futuro, probablemente se haya detenido su crecimiento.
- *La atmósfera es positiva*: El industrial Charles Schwab dijo:
  «Todavía no he encontrado el hombre, no importa cuán elevada sea su posición, que no trabaje mejor y dedique mayores esfuerzos a su tarea bajo un espíritu de aprobación que
  bajo un espíritu de crítica». Lo mismo vale para el trabajo
  que para el crecimiento.
- *Está fuera de su zona de comodidad*: El crecimiento requiere
  riesgo. Ronald E. Osborne afirmó: «A menos que haga algo
  más allá de lo que domina completamente, nunca crecerá».
- *Otros están creciendo*: Cuando se trata de crecimiento, es
  mejor tratar de nadar en escuelas que tratar de hacerlo todo
  por cuenta propia.
- *Hay disposición para cambiar*: Clayton G. Orcutt declaró:
  «El cambio en sí no es progreso, pero el cambio es el precio
  que pagamos por el progreso». Si los que están en su situa-

ción no están dispuestos a pagar el precio, el crecimiento será particularmente difícil.

- *Se modela y se espera crecimiento*: En el mejor ambiente posible, el crecimiento no solo se permite; los líderes lo modelan, y lo esperan de todos. Cuando eso ocurre el potencial de cada uno supera lo esperado.

Mientras más positivo el ambiente, más rápido será su crecimiento. La vida de crecimiento continuo no es fácil, pero una buena atmósfera hace que nadar contra la corriente sea menos difícil. Y hace que el viaje sea mucho más agradable.

DESARROLLE RELACIONES CON PERSONAS QUE CRECEN

Otro factor de su desarrollo personal está en el área de sus relaciones personales. Examine cuidadosamente sus relaciones más cercanas. Usted puede decir mucho acerca de la dirección de su vida mirando a las personas con quienes ha decidido pasar su

Dedicarse al crecimiento le motiva.

tiempo y compartir sus ideas. Sus valores y prioridades afectan el modo en que usted piensa y actúa. Si son personas positivas, dedicadas al crecimiento, sus valores y prioridades le estimularán y reforzarán sus deseos de desarrollarse personalmente.

No siempre es cómodo asociarse con personas que van delante de usted en el crecimiento, pero siempre es provechoso.

Mire alrededor suyo. Indudablemente, conoce personas que podrían ayudarle a crecer en una o más de las áreas en que desea desarrollarse. Trate de cultivar relaciones con ellos, pero no piense solo en función de lo que usted puede ganar. Siempre ponga algo sobre la mesa. Tiene que hacer que haya ganancia para ambos lados, o no durará.

Dedicarse al crecimiento no solo le permite crecer y aumenta su potencial; también le motiva. Comienza un ciclo de crecimiento que, si se sostiene, le lleva a un crecimiento cada vez más extenso. Y esto conduce a una vida más plena y productiva. El Dr. Charles Garfield, que ha escrito sobre personas que alcanzan sus objetivos, dijo lo siguiente:

> Quienes llegan a la cumbre no ven el logro como un estado fijo, ni como un puerto seguro al que el individuo se ancla y todo está hecho y consumado. Nunca he escuchado a ninguno de ellos hablar del fin de un desafío, de una emoción, de la curiosidad y de su capacidad de asombro. Muy por el contrario. Una de sus características más cautivantes es un talento contagioso de moverse hacia el futuro, generando nuevos desafíos, viviendo con la sensación de que hay más tareas que cumplir.

Además, viven con la sensación de que hay más crecimiento por experimentar.

Durante el curso de mi vida, he experimentado el increíble poder que trae la regularidad en el crecimiento personal. El tercer capítulo le mostró que su actitud determina cuán lejos puede ir en la vida. El crecimiento agrega otra dimensión a sus habilidades. Determina cuán bien equipado usted se encuentra para el viaje. Cuando su «maleta» se encuentra bien empacada a través del desarrollo personal continuo, usted puede ir más lejos y más rápido de lo soñado, y el viaje resulta más placentero pues está mejor preparado para realizarlo. Aun cuando enfrente obstáculos —de los que hablaremos en el próximo capítulo— usted está en mejores condiciones para avanzar.

Toma tiempo aprender cómo empacar su maleta. Al principio, todos tenemos la tendencia a llevar demasiado con nosotros, no solo en el viaje al éxito sino también en los demás viajes. Por ejemplo, en un viaje a Japón que hicimos Margaret y yo hace unos doce años, casi nos resultó un desastre porque no supimos empacar. Tomamos dos grandes maletas, y las llenamos completamente. Habíamos hecho algunos viajes antes, así que pensábamos que era inteligente llevar solo dos pesadas maletas en lugar de muchos bultos pequeños. Usaríamos a los portamaletas y los carritos como lo habíamos hecho anteriormente en otros aeropuertos.

Todo estuvo bien hasta que tratamos de movernos en Japón. Un taxi nos dejó en la estación del ferrocarril en Tokio, entonces buscamos un portamaletas y no encontramos ninguno. «No hay problema», dije, «iré a buscar un carrito». Tampoco encontramos un carrito. Terminamos llevando las inmensas maletas por toda la estación buscando el andén que nos correspondía. Entonces tuvimos que subir las maletas al tren y acomodarlas en nuestro vagón.

Terminamos haciendo esto por todo Japón. Para la segunda semana, Margaret y yo estábamos a punto del divorcio. En una ciudad, mientras arrastrábamos nuestras maletas «solo una corta distancia desde la estación hasta nuestro hotel», las tiré en medio de la calle y grité: «Si alguien quiere esas maletas, venga y lléveselas con todo lo que tienen por solo cinco dólares». Nadie se interesó. Pero de toda esta experiencia resultó una cosa buena: Margaret y yo aprendimos la lección de ese viaje, y desde entonces, nos hemos convertido en buenos empacadores.

Cuando usted aprende a empacar bien en su viaje del éxito, se sorprenderá de lo alto que puede llegar. La clave es concentrarse en lo que necesita y no en otra cosa. Ya le di a conocer las áreas en que enfoco mi desarrollo personal: relaciones, actitud, comunicación, liderazgo y crecimiento personal. Cuando comencé a trabajar en estas áreas mi única meta era mi desarrollo personal. Quería ser una mejor persona, un pastor más eficiente y un líder más firme. Quería desarrollarme con el fin de acercarme más a alcanzar mi potencial.

Pero mi dedicación ha traído beneficios que nunca esperé. Del gran crecimiento que experimento, tengo el privilegio de dar participación a otras personas. He escrito más de una docena de libros. Cada mes, más de 30.000 personas reciben instrucción sobre crecimiento personal y liderazgo en las lecciones que enseño en audiocasetes. Y miles asisten a las conferencias de INJOY cada año. Solo el año pasado, en la suma de todas mis conferencias, hablé a más de 250.000 personas.

Mi meta no era llegar a ser un autor ni un conferencista. Desde hace unos veinte años, la gente comenzó a pedirme que compartiera con ellos lo que había aprendido, y tales peticiones siguen creciendo. Sé que la única manera de continuar ayudando a otros es seguir aprendiendo y creciendo cada día más.

Si usted se dedica a su desarrollo personal, no hay manera de predecir hacia dónde lo llevará la vida, pero una cosa sé con certeza: lo puede llevar solamente hacia arriba. Si aún no lo ha hecho, comience hoy. Haga del crecimiento su meta principal y prepárese para escalar más arriba de lo que creyó posible.

Pasos para dar en el camino: ¿Qué debo poner en mi maleta?

Usted puede desarrollar su potencial si busca el crecimiento personal como un estilo de vida. Siga las siguientes directrices, que le ayudarán a comenzar.

1. Desarrolle un plan de crecimiento: todo el proceso comienza con un plan de crecimiento. Debe ser escrito y específico. Mientras más concreto el plan, es más probable que lo siga.

a) Identifique las principales áreas que quiera desarrollar. Establezca sus áreas de crecimiento de acuerdo a sus sueños y metas. Para comenzar, una o dos áreas de crecimiento sea lo ideal. No ponga más de cinco en la lista:

1 _____
2 _____
3 _____
4 _____
5 _____

b) Encuentre los recursos. Busque estos recursos leyendo revistas de negocios, yendo a una librería, visitando una biblioteca, revisando catálogos y conversando con personas experimentadas en sus áreas de interés. Haga una lista de los principales materiales que encuentre.
Libros

1 _____
2 _____
3 _____

Cintas

1 _____

2 _____

3 _____

Revistas

1 _____

2 _____

3 _____

c) Planifique su tiempo de crecimiento. Calcule exactamente de dónde «robará» una hora diaria (cinco días por semana). ¿Se levantará una hora antes? ¿Usará la hora de almuerzo? ¿Mantendrá apagado el televisor de 7:00 a 8:00 cada noche? De dónde sacará el tiempo es cosa suya, pero sea específico, y procure aferrarse a su plan.

---

2. Cree una atmósfera de crecimiento: Planifique para hacer lo que sigue por lo menos una vez al día durante el próximo mes:

a) Elogie a su esposa, hijo, empleado o asociado por hacer algo nuevo que muestre un deseo de crecer.

b) Procure hacer algo que nunca haya hecho de modo que lo saque fuera de su zona de comodidad.

c) Piense en un beneficio que su actual plan de crecimiento puede darle en el futuro.

3. Desarrolle relaciones con personas que crecen: El verdadero éxito siempre incluye a otros. Edifique relaciones para el crecimiento de las siguientes maneras:

a) Encuentre un mentor. Escriba el nombre de una persona que está creciendo y tiene la mayor destreza en el área en la que tiene más deseos de crecer. Su meta es desarrollar una relación en la que ambos ganen.

_____

b) Dedique tiempo a estar con personas que crecen. De todas las personas que conoce, nombre a los tres mejores modelos de crecimiento. Haga planes de pasar un tiempo con cada uno de ellos durante las semanas que vienen. Su meta es desarrollar una relación positiva y disfrutar de una compañía mutua.

1_____
2_____
3_____

c) Conviértase en el mentor de alguien. Seleccione una persona para ayudarla a crecer: un compañero de trabajo o empleado, su hijo, un miembro de la iglesia, etc.

Capítulo 6

¿QUÉ HAGO CON LOS DESVÍOS?

Cuando usted emprende un viaje, nunca tiene la seguridad de que resultará según los planes. Pueden suceder muchas cosas inesperadas. Eso nos ocurrió a mi esposa Margaret y a mí hace algunos años en un viaje de regreso desde Tierra Santa. Habíamos estado en Israel varias veces, y en ese viaje en particular, llevamos a cincuenta personas en excursión. Margaret y yo somos dados a planificar con mucho detalle, de modo que en solo una semana, vimos más de lo que muchos consideran humanamente posible. Pero al momento de regresar a casa, todos estábamos exhaustos.

Cuando llegamos desde Tel Aviv a Paris a media mañana y un agente de la aerolínea nos informó: «Lo siento, amigos», dijo, «pero su vuelo a Nueva York ha sido cancelado. Hay una gran tormenta de nieve en la costa atlántica, y nada entrará ni saldrá durante las próximas veinticuatro horas». Después de estar una semana en caminos polvorientos, corriendo de un lado para otro, durmiendo en hoteles, y viendo a soldados tensos con ametralladoras por todo lugar, nuestro grupo estaba listo para regresar a casa.

Cuando recibimos la noticia, pudimos sentir el desaliento y la frustración entre nuestra gente. Muchos de los que viajaban con nosotros eran personas mayores y era la primera vez que habían estado fuera de los Estados Unidos. Algunas alteraciones previas en el itinerario habían confundido a algunos. Este grave problema en nuestro plan de viaje era probable que produjera el pánico en todos ellos.

Margaret y yo nos miramos y supimos que necesitábamos actuar.

—Está bien, amigos, acérquense aquí—les dije mientras los conducía a un rincón del aeropuerto y contaba rápidamente al grupo.

—¿Cuántos no han estado en Paris? Se levantaron varias manos.

—¡Qué bien! Tenemos una maravillosa oportunidad—les expliqué—. Vamos a hacer un recorrido por la ciudad

Los ojos de Margaret se encendieron cuando comprendió la idea, y salió en mi ayuda.

—¡Ah! Les encantará París—dijo—. Es la ciudad más romántica del mundo.

Algunas mujeres del grupo sonrieron, pero la mayoría se mostraron escépticos.

—Veremos el Louvre, Notre Dame, la Torre Eiffel, lo que ustedes quieran..

—Es una gran suerte para nosotros—les dije—. ¿Saben cuánto dinero gasta la gente por ver París? Gastan miles de dólares solo por llegar hasta aquí, y nosotros lo vamos a ver gratis. Esto atrajo la atención de un par de caballeros.

Una hora después estábamos en el hotel, y Margaret y yo trabajamos por conseguir un tour. –No, señor—dijo el conserje—, no hay tours disponibles. Puedo arreglar algo para mañana.

—Tiene que ser hoy, tiene que haber algo disponible—dije.

—No, señor. Lo siento.

—Entonces, ¿podemos conseguir un autobús?—dijo Margaret. Él la miró.

—Seguro que debe haber un autobús disponible en algún lugar de París—añadió ella—. Por favor, verifique si puede conseguirnos un autobús, de cualquier tipo, y un chofer.

—Correcto—añadí—. Solo consiga un autobús. No importa de dónde lo saque, ni su aspecto. Podría ser hasta un autobús escolar, no importa. Nosotros mismos organizaremos el tour.

Nos tomó un largo rato convencerlo, pero finalmente accedió a hacer el intento. Nos consiguió un autobús con un conductor que no hablaba una palabra de inglés. Subimos al grupo y dimos una rápida e intensa vuelta por París.

—Tomen muchas fotos—les decíamos—. Querrán contarle a todos cuando lleguen a casa sobre su viaje de ñapa por París.

Les mostramos todo lo que pudimos, y apostaría que hasta acertamos los nombres de todos los monumentos históricos, bueno, quizás el setenta u ochenta por ciento de las veces. Aun experimentaron cosas que no hubieran tenido en otro tour. Por ejemplo, encontramos a la cantante Madonna saliendo del Louvre rodeada de guardaespaldas y todos les tomaron fotos.

—Esto solo podía pasar en un tour de Maxwell—dijo después un miembro del grupo.

Al regreso, nuestra gente tenía gratos recuerdos de Israel y de sus inspiradores lugares. Pero su historia favorita era la de su estadía de un día en París.

> ## Siga avanzando en el viaje, haciendo lo mejor con los desvíos e interrupciones, convirtiendo la adversidad en ventaja

¿Ha estado alguna vez en un viaje que no resultó según lo

planificado? Y si ha viajado mucho, quizás debería preguntarle si ha estado alguna vez en un viaje que haya resultado exactamente según los planes. Pues si usted es como la mayoría de las personas, debe haber tenido toda clase de problemas en los viajes. El viaje del éxito es igual. Está lleno de sacudidas, altibajos y desvíos. Y ya que nadie puede evitarlos completamente, la pregunta es ¿qué hago con ellos?

Isabel Moore dijo asertadamente: «La vida es una calle de una sola dirección. No importa cuántos desvíos tome, ninguno lo lleva de regreso. Una vez que usted conoce y acepta esto, la vida se hace mucho más simple». Una de las principales claves para el éxito es seguir avanzando en el viaje, haciendo lo mejor con los desvíos e interrupciones, convirtiendo la adversidad en ventaja.

LOS DOS DESVÍOS MÁS GRANDES

Cuando he conversado con la gente acerca del éxito, he encontrado que los dos desvíos más grandes que enfrentan son el temor y el fracaso. Cuando piensa al respecto, esos dos impedimentos pudieron haber evitado que nuestro grupo tuviera un buen tiempo en París. El temor a lo desconocido podría habernos retenido en el aeropuerto en vez de salir y disfrutar de la ciudad. Y nadie podría culparnos si nos hubiéramos quedado cuando tuvimos el primer fracaso, el de no hallar un tour disponible. Pero el temor y el fracaso no nos detuvieron. Tampoco podrán detenerle al tomar el viaje del éxito. Cada desvío es una oportunidad potencial, y puede impedirle el éxito solamente si usted lo permite.

DATOS ACERCA DEL TEMOR

Todas las personas experimentan el miedo; es parte de la

vida. *Lo que* tememos puede cambiar con el tiempo, pero cada generación lo ha experimentado. Vea las siguientes citas de los últimos 375 años y reconocerá un tema en común. En 1623, Sir Francis Bacon dijo: «Nada es terrible sino el miedo mismo». Doscientos años después, el duque de Wellington declaró: «A lo único que le temo es al miedo». Y más recientemente, Franklin D. Roosevelt dijo: «A lo único que debemos tenerle miedo es al miedo».

Todos tenemos temores. A nueve de cada diez personas le da terror el pensamiento de tener que hablar ante un grupo. A algunos no les gustan los insectos. Otros temen a la altura, las aguas profundas, los problemas financieros, el envejecimiento o la soledad. Existe tanta variedad de miedos como de personas. Los temores de algunos personajes históricos famosos llegan a ser hasta cómicos. Por ejemplo, Julio Cesar, el poderoso militar y emperador romano, le temía a los truenos. Pedro el Grande, zar de Rusia, imponente personaje de casi dos metros de alto le tenía miedo a los puentes. Los cruzaba solo cuando no quedaba otra alternativa, y cuando lo hacía temblaba y gritaba como un niño. Un autor y crítico literario británico, el Dr. Samuel Johnson, sufría de fobia cuando entraba a una habitación con el pie izquierdo. Cuando accidentalmente lo hacía, retrocedía y entraba de nuevo con el pie derecho. Llevaba el acto de entrar con el pie derecho a un extremo que era ridículo.

LAS CONSECUENCIAS DEL TEMOR

No importa cuán tontos o cómicos puedan parecernos los temores de otras personas, los nuestros son muy serios. Una razón es que el temor puede ser un impedimento para el éxito. Si se le permite controlar nuestra vida, el miedo puede ser un desvío permanente en el viaje del éxito e impedirnos el progreso. Irónicamente, cuando el miedo gana y nos impide comprometernos con alguna actividad, nunca descubrimos si el miedo era verdaderamente justificable. Esto crea un círculo vicioso, que podría a la larga apoderarse de nuestra vida. Eche un vistazo al patrón que el miedo puede crear en la vida de una persona:

El *miedo* engendra inacción;
la *inacción* lleva a la falta de experiencia;
la *falta de experiencia* cobija ignorancia;
Y la *ignorancia* produce miedo.

El temor provoca retraso.

El presidente John F. Kennedy dijo: «Hay riesgos y costos en un programa de acción, pero son mucho menores que los riesgos y costos de una cómoda inacción». Lo importante es que si usted puede vencer el temor, entonces podrá romper el ciclo y vivir para ver la muerte de su ignorancia y el nacimiento de su éxito.

El temor también provoca retraso. Divide nuestro enfoque y nos debilita. También puede hacer que nos sintamos aislados. Michael Pritchard llamaba al miedo «ese cuartito tenebroso donde se desarrollan las negativas». El ex mariscal de campo de la Liga Nacional de Fútbol, Frank Tarkenton, dijo: «El miedo provoca el retroceso de las personas ante las situaciones; produce la mediocridad; adormece la creatividad; hace que uno sea un fracasado en la vida». El temor nos roba el potencial e impide que avancemos hacia nuestro propósito en la vida.

ENFRENTE SUS TEMORES

Para enfrentar el temor usted tiene tres opciones. Primero,

puede tratar de evitarlo. Pero eso significa permanecer alejado de toda persona, lugar, cosa o situación conocida que produce un temor potencial. Esto no es práctico ni productivo. Si se mueve de uno a otro lugar, siempre preocupado de que a la vuelta de la esquina se enfrentará con lo que pueda causarle temor, usted se hará un nudo.

La segunda manera de enfrentar el temor es esperar que desaparezca. Pero esto es como esperar que una hada madrina lo rescate.

Afortunadamente, hay un tercer modo de tratar el temor, y es enfrentarlo y vencerlo. A la larga es el único método que realmente sirve. He aquí una estrategia que le ayudará a vencer el miedo y a disiparlo.

Descubra el fundamento del temor

La mayoría de los temores que enfrentamos a diario no se basan en hechos. Los generan nuestros sentimientos. Por ejemplo, un estudio de la Universidad de Michigan muestra lo siguiente:

- El 60% de nuestros temores son completamente infundados; nunca ocurren.
- El 20 % están enfocados en nuestro pasado, lo que queda completamente fuera de nuestro control.
- El 10% de nuestros temores se basan en cosas tan ínfimas que no provocan una diferencia apreciable en nuestra vida.
- Del 10% restante solo un 4 ó 5% se puede considerar justificable.

La mayoría de los temores los generan nuestros sentimientos.

Estas estadísticas muestran que todo el tiempo y energía dedicados al temor son un desperdicio, y son contraproducentes el 95% del tiempo.

Eso me recuerda una historia que oí acerca de una pareja que estaba acostada en su cama tarde en la noche. El marido estaba completamente dormido hasta que la esposa le golpeó las costillas diciendo:

—Burt, despierta. Hay un ladrón abajo. Burt, despierta.

—Ya está, está bien—dijo Burt mientras se sentaba a la orilla de la cama y buscaba sus zapatillas por lo que le parecía ser la vez número diez mil.

—Estoy levantado—. Entonces tomó su bata, caminó soñoliento hacia el corredor y luego bajó las escaleras. Cuando llegó al último escalón, se encontró mirando el cañón de un arma.

> # El temor es un interés que se paga por una deuda que no tienes.

—¡Quieto allí, compadre!—dijo con firmeza una voz que salió de detrás de una máscara de esquiar—. Muéstrame dónde están tus artículos de valor.

Burt lo hizo. Cuando el ladrón tuvo llena su bolsa y se aprestaba a retirarse, Burt le dijo:

—Espera—. ¿No podrías ir a conocer a mi esposa? Ella te ha estado esperando por más de treinta años.

El temor es un interés que se paga por una deuda que no tienes. Si ha permitido que el temor le desvíe, es el momento de mirar más allá de sus sentimientos y examinar el pensamiento que genera sus temores. Compare sus moldes de pensamiento con los hechos y vea donde no cuadran. Si su enfoque es hacia el pasado, trate de superarlo. Si su preocupación es por cosas ínfimas, recuerde lo que es realmente importante. Y si no puede cambiar sus patrones de pensamiento, busque la ayuda de un consejero profesional. No permita que sus sentimientos lo mantengan aprisionado.

Reconozca sus temores

Lo mejor que puede hacer en el caso de sus pocos temores justificables (5% o menos) es reconocerlos y seguir avanzando. Eso es lo que han hechos nuestros héroes más apreciados. Por ejemplo, considere la vida y carrera de alguien como George S. Patton, osado e innovador general que fue instrumento de la victoria de los aliados en la Segunda Guerra Mundial. Usted podría pensar que no sufrió de temores. Pero no fue así. Sintió miedo, pero no se detuvo. Una vez dijo: «No soy un hombre valiente. La verdad es que, usualmente, soy cobarde de corazón. Nunca en mi vida he escuchado el sonido de un disparo ni he mirado a una batalla sin sentir miedo. Me han sudado constantemente las manos y sentía un nudo en mi garganta». Imagine esto. Uno de nuestros más valientes generales pensaba que era un cobarde.

Una clave para el éxito de Patton fue que aprendió a tratar el temor. Declaró: «El momento para recibir el consejo de tus temores es antes que tomes una importante decisión sobre una batalla. Es el momento de escuchar todos los temores que imagines. Cuando has reunido todos los hechos y todos los temores y has hecho tu decisión, desecha todos tus temores y avanza». Si alguien que se consideraba cobarde podía hacerlo, también usted puede.

Acepte el temor como el precio del progreso

Usted debe analizar si las cosas que teme se harán o no realidad. Y el temor no afectará positivamente el resultado. El temor solo lo puede desviar si usted lo permite. Por eso es fundamental aceptar el temor como el precio del progreso. La Dra. Susan Jeffries admitió: «Mientras avance en este mundo, mientras continúe expandiendo mis capacidades, en tanto continúe asumiendo riesgos para que mi sueño sea realidad, voy a experimentar el temor».

Cada vez que usted hace un avance en un nuevo territorio en el viaje del éxito, existe la posibilidad que fracase. Su intento de avanzar podría también hacerlo parecer torpe. Ese pensamiento probablemente lo ponga nervioso. Todo eso está bien, la mayoría de las personas que ha logrado algo de valor, ha enfrentado el temor y de todos modos ha avanzado. Los verdaderos héroes son personas que primero se vencen a sí mismos.

Desarrolle el deseo ardiente de su corazón

Su sueño es uno de los antídotos más eficaces contra el temor. Puede hacer arder las llamas del deseo en su interior hasta que esté dispuesto a enfrentar y vencer el temor. Su sueño puede ayudarle a ir y hacer lo que tiene miedo de hacer. Le ayudará a canalizar positivamente su temor. Como lo expresó el promotor profesional de boxeo, Cus D'Amato: «El héroe y el cobarde sienten el mismo temor, solo que el héroe confronta su temor y lo convierte en fuego». Su sueño puede proveer la chispa que convertirá su temor en fuego.

Enfóquese en cosas que pueda controlar

El ex entrenador de baloncesto de UCLA, John Wooden —uno de los entrenadores más grandes que haya existido— decía: «No permitas que lo que no puedes hacer interfiera con lo que puedes hacer». Wooden era famoso por estimular a sus jugadores hacia la excelencia y animarles a alcanzar su potencial. Su meta nunca fue ganar un campeonato. Le interesaba el viaje, no el destino. Sin embargo, su ética de trabajo y su dedicación a las cosas que estaban bajo su control permitieron que su equipo tuviera cuatro temporadas invictas, una racha de ochenta y ocho partidos ganados consecutivamente y el increíble récord de diez campeonatos nacionales. Nadie había logrado eso antes que él, y nadie lo ha logrado desde entonces.

Es necesario que a medida que avanza en el viaje del éxito recuerde que lo que ocurre *en* usted es más importante que lo que le ocurre *a* usted. Usted puede controlar sus actitudes a medida que avanza en el viaje, pero no tiene control sobre las acciones de los demás. Usted decide lo que escribe en su agenda, pero no puede controlar las circunstancias de hoy. Desafortunadamente, la mayor parte del temor y las tensiones que tiene la gente se debe a cosas que no pueden controlar. No permita que esto le ocurra.

> ## Lo que ocurre **en** usted es más importante que lo que le ocurre **a** usted

Adquiera el hábito de ganar

Vince Lombardi, legendario entrenador de los Green Bay Packers de la Liga de Fútbol Nacional de los Estados Unidos, una vez comentó: «Ganar es un hábito. Desafortunadamente, también lo es perder». Comprendía que los éxitos del pasado influyen sobre la capacidad de una buena actuación. Ese principio también se aplica a la victoria sobre los temores. Cada vez que usted confronta un temor y sigue avanzando a pesar de este, estará mejor preparado para hacer frente al siguiente. Con el tiempo, usted adquiere el hábito de ganarle al temor, y estas pequeñas victorias preparan el camino para las más grandes. A la larga, el temor ya no es el principal problema y ya no lo hace desviarse innecesariamente del viaje del éxito.

Alimente su fe, no su temor

Lo más importante es que usted tiene una elección. Puede

alimentar sus temores, o dejarlos que mueran de hambre. El temor y la fe están con usted cada minuto de cada día. Pero la emoción sobre la cual actúa —la que alimenta— es la que domina su vida. Actuar sobre las emociones adecuadas le llevan al éxito, mientras que las erróneas lo hacen retroceder por un desvío desalentador.

El sentir temor y de todos modos avanzar, depende de un cambio en su patrón de pensamiento. Requiere cambiar la actitud «temer significa parar» por «temer significa seguir». Mark Twain exhortó: «Todos los días haz algo que no quieras hacer. Esta es la regla de oro para adquirir el hábito de cumplir tu deber sin dolor».

La ironía es que la persona exitosa que sigue desarrollándose, asumiendo riesgos y avanzando tiene los mismos sentimientos de temor que el que permite que el temor lo detenga. La diferencia está en que uno no deja que el temor lo domine mientras que el otro lo hace.

EL PODER DEL FRACASO

Recientemente, mi amigo Max Lucado me visitó. Quería agudizar sus habilidades de liderazgo, y me pidió que le diera una mano. Vino por un fin de semana, y pasamos momentos maravillosos. Max es un escritor increíble, uno de los mejores autores cristianos del presente. Mientras cenábamos, le pregunté cómo logró publicar su primer libro.

—Bueno—dijo—, al principio nadie quería publicar mis cosas.

Casi me atraganté.

—¿Qué?—dije—, ¿qué quieres decir con que nadie quería publicar tus cosas?

La prosa de Max es como poesía. Es hermosa.

—Nadie quería publicarlas—respondió—. Envié mi primer

manuscrito a por lo menos quince casas publicadoras antes de que una dijera «sí».

—Apuesto que algunos de esos publicadores ahora se están halando los pelos—dije. Desde entonces, Max ha publicado una gran cantidad de libros y calculo que ha vendido un par de millones de ejemplares.

—Cuando trataste de hacer que aceptaran el primero, ¿no te desalentaste y pensaste en renunciar?

—No—dijo—. Cada vez que recibía un manuscrito de vuelta, pensaba: *Bueno, probaré con otro publicador.*

Ahí fue que me di cuenta. Max tenía algo que casi todas las persona exitosas tienen: *la capacidad de fracasar.*

Tienes que aprender a fracasar.

«Espere un momento», puede estar diciendo. «Pensé que nuestro tema es el viaje del éxito. ¿Acaso el éxito no consiste en evitar el fracaso?» La respuesta es no. Todos fracasamos. A medida que viajamos, caemos en baches, viramos en sentido equivocado u olvidamos verificar el agua del radiador. La única persona que evita completamente los fracasos es la que nunca saca su coche del garaje. Así que el verdadero problema no es si va a fracasar o no. Es si va a fracasar con éxito (sacar provecho de su fracaso) o va a permitir que el fracaso lo mande de vuelta permanentemente. Como dijo Nelson Boswell: «La diferencia entre la grandeza y la mediocridad está en la forma que un individuo mira los errores». Si quiere continuar en el viaje del éxito, usted necesita aprender a fracasar para seguir avanzando.

USE EL FRACASO COMO TRAMPOLÍN

Las personas que no tienen éxito suelen tener tanto miedo al fracaso y al rechazo que pasan toda la vida evitando riesgos o decisiones que pudieran llevarles al fracaso. No comprenden que el éxito está basado en su capacidad de fracasar y seguir tratando. Cuando usted asume la actitud correcta, el fracaso no es fatal ni final. En realidad, puede ser un trampolín hacia el éxito. El experto en liderazgo, Warren Bennis, entrevistó a setenta importantes ejecutivos en diversas ramas y descubrió que ninguno de ellos consideraba que sus errores fueran fracasos. Al hablar de ellos, los llamaron «experiencias de aprendizaje», «el precio pagado», «desvíos» y «oportunidades de crecimiento».

Las personas exitosas no permiten que el fracaso se les suba a la cabeza. En lugar de quedarse con las consecuencias negativas del fracaso, pensando en lo que pudo hacer sido y cómo las cosas no salieron bien, ellos se dedican a las recompensas del éxito: aprender de sus errores y pensar en la forma de mejorar ellos mismos y su situación. Dependiendo de su actitud hacia él, el fracaso puede hundirlo o ayudarle en su viaje.

CÓMO FRACASAR PROVECHOSAMENTE

Quizás no sea esta la primera vez que escucha esta perspectiva del fracaso. Tal vez esté dispuesto a conocer las posibilidades que este enfoque puede ofrecer, pero ha tenido momentos difíciles al vivirlo.

La mayoría de nosotros hemos sido entrenados para ver solo el resultado final del largo viaje del éxito de una persona. Por ejemplo, celebramos cuando alguien como la heptatleta Jackie

Joyner-Kersee recibe la medalla de oro en las Olimpíadas, pero no pensamos en las muchas carreras y competencias que ha tenido que perder a lo largo de los años, los ajustes y correcciones que ha tenido que hacer a sus técnicas, o las terribles lesiones que ha soportado en su camino. Y si nos encontramos con un hombre de negocios de éxito como Al Copeland —fundador de la cadena de restaurantes Popeye— no sabríamos que trató y fracasó en varias aventuras con restaurantes, y que en una ocasión, ni siquiera encontró el financiamiento para su idea de un restaurante de pollo frito. Pero se las arregló para vencer sus fracasos, y ahora los restaurantes de pollos fritos Popeye están por todos los Estados Unidos.

Prepárese para considerar los fracasos como indicadores del kilometraje

Permítame que le ayude a cambiar su modo de pensar acerca del fracaso y enfocarlo desde una perspectiva completamente diferente. Cada fracaso puede hacerle avanzar un paso más en el viaje del éxito. Como dijo el ejecutivo hotelero Conrad Hilton: «La gente de éxito sigue en movimiento. Se equivocan, pero no se dan por vencidos». He aquí diez directrices que le ayudarán a cambiar el fracaso de desvío a ganancia:

1. *Aprecie el valor del fracaso*

No olvide que usted no puede emprender el viaje del éxito sin experimentar fracasos. En realidad debe prepararse para pensar que cada fracaso es marcador de kilómetro. Cada vez que fracase sepa que ha avanzado un kilómetro más en el camino de su potencial. Soichino Honda, fundador de Honda Motors, opinó de esta manera: «Muchas personas sueñan con el éxito. Para mí el éxito solo se puede lograr por medio de repetidos fracasos y por la introspección. En efecto, el éxito solo representa el uno por ciento de su trabajo que resulta del noventa por ciento de lo que se llama fracaso. Muy pocos de los que no están familiarizados con el fracaso conocerán el verdadero gozo del éxito». Yo iría más allá para decir que ninguna persona que no esté familiarizada con el fracaso conocerá el éxito.

El fracaso tiene otro valor: lo fortalece. Henry Ward Beecher, autor, pastor y reconocido opositor de la esclavitud, del siglo diecinueve, dijo: «La derrota convierte los huesos en pedernal, el cartílago en músculo, y hace invencible a las personas formando en ellos la naturaleza heroica que ahora tiene fama en el mundo. Entonces, no tengáis miedo a la derrota. Nunca estaréis tan cerca de la victoria como cuando sois derrotados en una buena causa». Cada vez que vaciles, fracases o seas derrotado, acuérdese que está un paso más cerca de su potencial y de su sueño. Está aprendiendo a hacer del fracaso un paso al éxito.

2. No tome el fracaso en forma personal

La mayoría de las personas que nunca aprenden a aprovechar el fracaso para ir adelante, se detienen porque toman el fracaso como algo personal. Comienzan por preguntarse, «¿por qué nada te sale bien?» o «no deberías haberlo intentado; sabías que no podrías hacerlo», o «mira, eres un fracaso». Pero hay una gran diferencia entre decir «he fracasado» y «soy un fracaso». Alguien que fracasa puede aprender de sus errores y seguir adelante. Eso no cambia lo que él es. Pero la persona que se dice «soy un fracaso» se da pocas esperanzas de mejorar. No importa lo que haga ni donde vaya, su fracaso permanece con él porque lo ha internalizado. Lo hace una parte inseparable de su ser. Pedirle éxito a alguien que se ha convencido de que es un fracaso sería como pedirle peras al olmo. Es imposible.

Cuando pienso en mi pasado, comprendo que tomé el fracaso en forma mucho más personal cuando era menor, menos experimentado y menos exitoso. Mis errores entonces me parecían mucho mayores. Pero pasado el tiempo, he aprendido a aceptar mis limitaciones así como mis puntos fuertes, entiendo que todo lo que haga no va a ser exitoso, y me digo: «A la verdad que lo eché a perder. La próxima vez lo haré mejor».

A veces el fracaso señala que es tiempo de cambiar de dirección

Si usted tiene el hábito de asesinar su carácter o de cuestionar su talento cada vez que algo anda mal, deténgase. Cometer errores es como respirar; es algo que seguirá haciendo mientras viva. Aprenda, pues, a vivir con ello y siga avanzando.

3. Que el fracaso le sirva para rectificar

A veces el fracaso señala que es tiempo de cambiar de dirección. Si se ha mantenido pegándole a las paredes, quizás sea tiempo de retroceder y buscar la puerta. Si sigue tomando el mismo desvío, quizás es que no es un desvío, sino su camino principal. Sin embargo, cuando experimenta fracaso tras fracaso pero su sueño sigue ardiendo en su interior con tanta fuerza como antes, siga adelante. Además, reconozca que algunos de los mayores logros de la vida nacieron de un fracaso.

Por ejemplo, eche una vistazo a la vida de John James Audubon, quien es considerado un pionero en el estudio y la conservación de la vida silvestre. Pero a principios del siglo XIX, era simplemente un tendero sin éxito en Louisville, Kentucky. Trató de ganarse la vida y sostener a su esposa Lucy con esa ocupación, pero después de luchar once años, quebró. Ese fracaso le llevó a comenzar la obra de su vida: observar, dibujar y pintar la vida silvestre; tarea por la que será siempre recordado.

Si usted fracasa repetidas veces, pero quiere seguir avanzando, permita que sus fracasos rectifiquen su rumbo. Quizás esté trabajando en un área que no le corresponde. Eso no significa que usted esté mal o se haya equivocado. Significa solamente que necesita hacer un ajuste. Si una puerta se le cierra repetidas veces, no se quede pensando por qué no logra abrirla. Mire alrededor, y busque otra puerta abierta. Quizás haya una abierta ahora en la cual usted no se había fijado.

4. Conserve el sentido del humor

Cuando todo haya fallado, ríase. Ese es mi lema. Es *fácil* reír cuando todo va sobre ruedas, pero es *importante* reír cuando todo anda mal. Para mejorar la salud emocional nada es tan bueno como la risa. Alivia el estrés y ayuda a poner sus errores en perspectiva rápidamente. Jerry Jenkins observó: «Errar es de humanos... pero cuando usted usa la goma de borrar antes de usar el lápiz, se está propasando». Como el autor prolífico y de éxito que es, Jenkins comprende la importancia del sentido del humor frente a los errores cometidos.

Cuando cometa errores en el viaje del éxito, mírelos desde una perspectiva positiva, humorística. Trate de mirar la vida como lo hacía el entrenador de hockey, Harry Neale cuando pasaba por tiempos difíciles. Decía: «En la pasada temporada, no podíamos ganar como locales, y perdíamos como visita. Mi fracaso como entrenador fue que no pude pensar en otro lugar dónde jugar».

5. Pregunte ¿por qué?, no ¿quién?

Cuando las cosas van mal, la tendencia natural es buscar un culpable. En este tema, puede ir para atrás hasta llegar al mismo jardín del Edén. Cuando Dios le pregunta a Adán que había hecho, este culpa a Eva. Cuando Dios le pregunta a Eva, ella culpa a la serpiente. Lo mismo ocurre en la actualidad. Si usted le pregunta a su hija por qué ha golpeado a su hermano, ella le dirá que él tiene la culpa. Cuando el mariscal de campo ve que interceptan su pase, dice que el receptor corrió en la dirección equivocada.

Cuando le pregunta a un empleado por qué no cumplió con el plazo de entrega de su trabajo, señala con el dedo a otro o cita una serie de circunstancias fuera de su control. Esto sin hablar de las demandas judiciales en que las personas se culpan mutuamente por sus problemas.

La próxima vez que usted fracase, piense *por qué* falló en vez de preguntar de quién fue la falta. Trate de considerar todo objetivamente y así poder hacerlo mejor la próxima vez. Mi amigo Bob Biehl sugiere una lista de preguntas para ayudarle a analizar cualquier fracaso:

- ¿Qué lecciones he aprendido?
- ¿Estoy agradecido por esta experiencia?
- ¿Cómo puedo convertir el fracaso en éxito?
- Hablando prácticamente, ¿hacia dónde debo ir desde aquí?
- ¿Quién ha fracaso de este mismo modo, y cómo podría esa persona ayudarme?
- ¿Cómo podría mi experiencia ayudar a otros para que no cometan el mismo error?
- ¿Fracasé debido a otra persona, debido a mi situación o debido a mí mismo?
- ¿Fallé realmente o no logré alcanzar una meta que era irreal?
- ¿Dónde tuve éxito y dónde fracasé?

La persona que culpa a otros por sus fracasos nunca los vence. Van de problema en problema, y como resultado, nunca logran el éxito. Para alcanzar su potencial, usted debe mejorar continuamente, y no puede hacerlo si no asume la responsabilidad por sus acciones y aprende de sus errores.

6. *Aprenda de su fracaso*

Para tener éxito, es necesario que desarrolle la capacidad de aprender de sus errores. Como dijo el Dr. Ronald Niednagel: «El fracaso no es fracaso, a menos que no aprenda nada de él».

Este proceso de aprendizaje convierte lo que podría ser un desvío definitivo en un trampolín hacia su potencial.

Quiero contarle una de las anécdotas más inspiradoras que he leído y que ilustra esta idea. Es del libro *Dale Carnegie: El hombre que influyó sobre millones*, por Giles Kemp y Edward Claflin. El nombre Carnegie es sinónimo de éxito. Su Instituto Dale Carnegie para la oratoria eficaz y las relaciones humanas, actualmente prepara gente en todo el mundo. Su libro *Cómo ganar amigos e influir sobre las personas* ha vendido más de 15 millones de ejemplares y se sigue vendiendo, sesenta años después de su primera edición.

Pero los comienzos de Dale Carnegie estuvieron plagados de fracasos. Creció en la pobreza. Cuando decidió asistir a un colegio para profesores en Warrensburg, Missouri, solo pudo hacerlo viviendo en su casa y yendo a caballo a la escuela todos los días.

Interesado en la oratoria desde adolescente, decidió que se daría a conocer en el colegio a través de los concursos de oratoria. Nunca ganó uno de esos concursos, pero aprendió cada vez que trató y fracasó.

A pesar de su arduo trabajo en la universidad, no pudo graduarse porque no aprobó el curso de latín. Entonces se mudó de Maryville, Missouri, a la ciudad de Nueva York, donde trató actuación y ventas, pero seguía quedándose corto.

Entonces llegó lo que se convirtió en su oportunidad dorada. Solicitó trabajo en la YMCA para enseñar oratoria. Como no tenía experiencia, la YMCA no le ofreció el salario acostumbrado de dos dólares por sesión. En cambio, fue aceptado a prueba. Si era eficaz y retenía a los estudiantes, le pagarían. Si no, estaba despedido.

Aunque fracasó en los concursos de oratoria y como actor, tuvo éxito en la YMCA. Sus desvíos anteriores le habían enseñado mucho. Pronto estaba desarrollando sus propios cursos y escribió panfletos que más tarde se publicarían como libros. Kemp y Claflin escribieron: «Carnegie alcanzó la fama como uno de los más eficaces profesores de oratoria y uno de los autores más vendidos de todos los tiempos. Dos aspectos claves le permitieron convertir el fracaso en éxito: no darse por vencido ante el fracaso, y la disposición de aprender de los fracasos».

> **Está bien caerse si al levantarse ha aprendido algo.**

La disposición para aprender del fracaso y la capacidad de vencer están estrechamente ligadas entre sí. Si no aprende continuamente, va a cometer los mismos errores una y otra vez. Está bien caerse si al levantarse ha aprendido algo.

7. No deje que el fracaso lo tenga en el suelo

Austin O'Malley afirmó: «El hecho de haber sido tirado al suelo es interesante, pero el tiempo que permanece ahí es importante». Mientras va en su viaje del éxito, tendrá problemas. ¿Va usted a renunciar y a quedarse en el suelo, revolcándose en su derrota, o va a ponerse de pie tan rápidamente como pueda? O, como acostumbraba a decir un compañero mío en la universidad: «Nunca estoy en el piso; siempre me estoy levantando».

Hay mucha gente que no piensa así. Algunos han estado tanto tiempo caídos que se sienten más cómodos así que levantándose. Para ellos ha llegado a ser un estilo de vida. En realidad, no solo se quedan en el suelo, también tratan de arrastrarlo a usted. Como ya no tienen interés en levantarse, su meta en la vida es derribar a alguien para sentirse mejor ellos mismos. Si conoce a alguien que actúa de esa manera, manténgase lejos.

Cuando usted se caiga, haga lo mejor posible y póngase de pie. Aprenda lo que pueda de sus errores, y luego entre nuevamente en el juego. Mire los errores como los veía Henry Ford. Él decía: «El fracaso es la oportunidad de comenzar de nuevo con más inteligencia».

8. *Use el fracaso para medir el crecimiento*

Cuando la mayoría de la gente trata de medir el éxito, juzgan de acuerdo al poco fracaso que encuentran. Si ven caídas y vacilaciones, dicen: «Ha metido la pata demasiado. Seguro que es un fracasado». Pero eso es exactamente lo opuesto a como la gente exitosa ve el fracaso. Ellos ya saben lo que los editores de la revista *Fortune* descubrieron hace varios años cuando analizaron a personas exitosas. La mayoría de los exitosos tuvieron siete fracasos antes de tener éxito. Mientras más empeño le pone, mayor es el fracaso que puede experimentar, y mayor el éxito. No sé usted, pero yo prefiero alcanzar el noventa por ciento de mi potencial con muchos fracasos, que alcanzar solo el diez por ciento con una puntuación perfecta.

Cada vez que corra una carrera y no llegue primero, examine su progreso. El éxito es llegar cuarto lugar y cansado, pero animado porque la vez anterior había llegado quinto. Es progresar. Eso es lo que significa fracasar, continuar y evitar un desvío innecesario.

9. *Vea el cuadro completo*

La perspectiva es la mejor manera de ayudarlo a lidiar con el fracaso. Permítame darle un ejemplo. Tom Landry, Chuck Noll y Bill Walsh fueron ganadores de nueve de las quince competencias del Super Tazón de fútbol entre 1974 y 1989. ¿Sabe qué otra cosa tenían en común? También tuvieron el peor desempeño durante su primera temporada de todos los entrenadores en la historia de la Liga Nacional de Fútbol. ¿No es esto increíble? Si ellos hubieran juzgado su potencial de éxito durante su primer año en el fútbol profesional, probablemente se habrían dado por vencidos. Si la vida fuera una foto instantánea y se hubiera tomada durante sus temporadas como perdedores, habrían tenido problemas. Pero la vida no es una foto instantánea, es una película con movimiento. Pudieron superar sus fracasos y siguieron en su viaje para alcanzar su potencial.

El fracaso de ellos no era definitivo, y tampoco lo es el suyo. La próxima vez que dañe algo, piense en el cuadro completo. Vendrán días mejores. Todos cometemos errores, pero podemos levantarnos.

10. No se dé por vencido

Mencioné antes que, ocasionalmente, el fracaso es una señal de que debe explorar otras oportunidades. Aunque esto es a veces cierto, con mayor frecuencia el éxito llega como el resultado de una gran tenacidad. B. C. Forbes dijo: «La historia ha demostrado que los ganadores más memorables generalmente se encontraron con obstáculos desalentadores antes del triunfo. Finalmente triunfaron porque se negaron a desanimarse por sus derrotas». El fracaso viene fácilmente a todos, pero el precio del éxito es la perseverancia.

He cometido una gran cantidad de errores y he experimentado muchos fracasos —probablemente más que el promedio de las personas— pero también he experimentado mayores éxitos. Cuando miro al pasado hay un error que está presente en mi mente. Fue un incidente ocurrido cuando tenía veintidós años y estaba en mi primera posición profesional de liderazgo. Alguien me atacó y di un paso atrás, cuando debí confrontar con firmeza pero amablemente a la persona que lo hizo. Como resultado, perdí mucho de mi respeto por mí mismo. Actué como un inútil, cuando debí mostrar firmeza.

Después de ese incidente, mi vida pudo haber tomado un grave desvío. Podría haberme mirado al espejo cada día castigándome y diciendo: «John, eres un inútil, un fracasado. Nunca tendrás éxito, y ciertamente no eres un líder». Pero no lo hice. Tomé otro rumbo. Me miré al espejo y me dije: «Querido yo (para poner un poco de humor), has cometido un grave error. Si no quieres seguir repitiéndolo, será mejor que hagas algo al respecto».

Los dos días siguientes los pasé en mi oficina con una libreta de apuntes pensando sobre el proceso de confrontación positiva. Establecí cuidadosamente una estrategia para confrontar a otros de manera que la próxima vez que me ocurriera algo similar, pudiera hacer lo correcto. Lo increíble es que no solo me ayudó a tener éxito la próxima vez, sino a lo largo de los años, la confrontación positiva se ha convertido en uno de mis puntos fuertes como líder. De hecho, por medio de los casetes del INJOY Life Club (Club de Vida INJOY) —enviados mensualmente a líderes de todo el país— he enseñado a más de diez mil líderes la forma de confrontar a otros.

No podría comenzar a hacer una lista de todos mis fracasos, pero puedo decirle con certeza que seguiré agregando a esa lista. Tengo cuarenta y nueve años, por lo que espero tener otros treinta años de productividad, y durante ese tiempo tendré otros fracasos. El temor no es si voy a fracasar. En lugar de esto, cuando fracase, necesito decidir si voy a fracasar para progreso o para retroceso: esa es la verdadera pregunta. Los desvíos pueden mejorar o amargar a una persona. Es mi decisión. Y también la suya.

PASOS PARA DAR EN EL CAMINO: ¿Qué hago con los desvíos?

Ahora es el momento de comenzar a manejar los dos desvíos —el temor y el fracaso— de una manera que le ayude a lo largo de su viaje.

1. Temor: La clave para vencer el temor y crecer hacia su potencial es la acción. Esto rompe el ciclo del temor. Considere lo siguiente:

Temor > inacción > falta de experiencia > ignorancia > más temor

Pero mire qué pasa cuando reemplaza la inacción con acción:

Temor > acción > experiencia > sabiduría > menos temor y más éxito

Enfrentar el temor con una acción positiva, lo vence y conduce a una mayor acción, menos temor y más éxito. Responda cada una de las siguientes preguntas para ayudarle a dar el siguiente paso en el viaje del éxito:

a) ¿Qué temor está en el camino de su próximo paso en el viaje?

_____

b) Mida su temor a la luz de su sueño y el desarrollo de su potencial:

Beneficios de vencer el temor	Beneficios de evitar el temor
_____	_____
_____	_____

_____   _____

_____   _____

c) Haga una lista de cosas que puede y no puede controlar en relación a su temor:

Cosas que puedo   Cosas que no puedo
controlar   controlar

_____   _____

_____   _____

_____   _____

Haga el compromiso de dejar de preocuparse por las cosas que no puede controlar y trabajar con las que puede controlar.

d) Fíjese un plazo para actuar. ¿Qué día comenzará activamente a enfrentar y vencer el temor y a hacer lo que tiene que hacer?

_____

e) Escriba un credo que le ayude a enfrentar y vencer sus temores en el futuro:

_____

_____

_____

2. Fracaso: Use un gran fracaso reciente como trampolín hacia el éxito. Responda a lo siguiente para elaborar el proceso:

a) Describa su fracaso más reciente.

_____

_____

Asegúrese que no lo está tomando personalmente. Verifique que no haya escrito algo similar a: «Soy un mal conductor», en lugar de «tuve un accidente».

_____

b) ¿Cuánto tiempo ha transcurrido desde que ocurrió? ¿Está dejando que esto lo mantenga decaído? Si es así, ¿qué puede hacer para levantarse?

c) ¿Cree que es el momento de usar este fracaso para corregir su curso? Si es así, ¿cómo?

d) ¿Qué puede aprender de esta experiencia?
   1 _____
   2 _____
   3 _____

e) ¿Cuál es el cuadro completo? ¿Dónde y cómo este fracaso puede ser una oportunidad para su vida?

f) Memorice estas palabras: Nunca más eludiré el fracaso. Es una parte normal de mi vida. Debo arriesgarme. Haré lo mejor que pueda. Cuando falle, aprenderé y seguiré adelante. El fracaso es mi trampolín hacia el éxito.

Capítulo 7

¿YA
HEMOS
LLEGADO?

Recientemente, mientras iba en un viaje de regreso a San Diego desde el este de los Estados Unidos, estaba sentado en mi silla tratando de terminar un proyecto, y el piloto anunció que habíamos comenzado a descender hacia la ciudad. Podía oír a mi alrededor a todo el mundo enderezando los asientos y guardando sus pertenencias. Pero yo seguí trabajando. Sabía que todavía me quedaban algunos minutos antes de tener que guardar mis archivos en el maletín y prepararme para bajar del avión.

Cuando viajo de regreso a San Diego, siempre puedo decir cuán cerca estamos de aterrizar. Si voy sentado a la izquierda del avión, cuando aparece el puente Coronado, mostrando la hermosa bahía de San Diego, sé que estamos a unos pocos segundos de tocar tierra en una pista del aeropuerto de Lindbergh, y entonces es cuando guardo mis cosas. ¿Se da cuenta? Cuando ha hecho un viaje frecuentemente, sabe dónde se encuentra y cuándo está por llegar a su destino.

Esa habilidad parecía ser más difícil de desarrollar cuando éramos niños y hacíamos viajes en auto. ¿Se acuerda? Si tiene hijos, sabe de lo que estoy hablando. La pregunta que siempre hacen una y otra vez cuando maneja una distancia larga en auto es la misma: «¿Ya llegamos?» o «¿cuándo vamos a llegar?» ¡A veces comienzan a preguntar cuando todavía no hemos salido a la calle!

Ciertamente, a los niños se les hace más difícil saber dónde están que a nosotros los adultos. Especialmente cuando son muy pequeños, no tienen desarrollado la noción del paso del tiempo. Y tampoco tienen una comprensión del cuadro completo. Hay que reconocerlo, no tienen mucha experiencia viajando. No saben qué esperar, y no tienen los puntos de referencia que nosotros tenemos cuando viajamos.

Los niños pueden superar esta falta de perspectiva si se aprenden los puntos de referencia del viaje. Por ejemplo, cuando era niño, me encantaba cuando nuestra familia empacaba e íbamos por auto desde nuestro hogar en Circleville, Ohio, a casa de mis abuelos en los suburbios de Detroit, Michigan. Nos tomaba bastantes horas llegar, y no tuvimos que hacer el viaje muchas veces antes de aprendernos algunos puntos de referencia en el camino. Nuestro favorito era el letrero de Finley, Ohio. Cuando llegábamos a Finley, sabíamos que era la mitad del viaje, ¡al fin estábamos llegando!

BUSQUE PUNTOS DE REFERENCIA

En el viaje del éxito, muchos adultos están en el mismo bote que los niños. Parece que continuamente hacen la pregunta, ¿ya llegamos? En parte viene de la impaciencia por lograr el éxito, pero indica además que muchas personas —a pesar del arduo trabajo— no pueden decir si progresan o no en el viaje.

Si usted se hace esta pregunta en silencio, lo primero que le puedo decir es se haga otra pregunta. Necesita preguntarse,

¿voy *hacia* allá? Recuerde, su meta no es llegar a un destino; es emprender un viaje. La segunda cosa que le diría es que *busque puntos de referencia.*

Cuando usted viaja y no está seguro del lugar donde se encuentra, instintivamente busca alguna referencia. Estoy seguro que puede identificar muchos lugares que no ha visitado porque

1. Torre Eiffel	a. San Francisco, California
2. Super Dome	b. Roma, Italia
3. Coliseo	c. Walt Disney World, Florida
4. Big Ben	d. Washington, D. C.
5. Estatua de la Libertad	e. Jerusalén, Israel
6. Monte Fuji	f. París, Francia
7. Castillo de la Cenicienta	g. Londres, Inglaterra
8. Muro de los Lamentos	h. Tokio, Japón
9. Puente Golden Gate	i. Nueva York, Nueva York
10. Monumento a Lincoln	j. Nueva Orleans, Louisiana

ya conoce algunas referencias. Haga este sencillo ejercicio. Paree el punto de referencia con el lugar donde se encuentra:

Puntos de referencia famosos y sus ciudades*

Imagino que las respondió casi todas bien. De hecho, puede haber pensado que algunas eran bastante fácil. Tiene razón. ¿No desearía que las referencias en el viaje del éxito fueran así de fáciles para identificar? Pero piense qué fue lo que hizo que este ejercicio fuera fácil. Usted ya había aprendido a asociar esos lugares con sus puntos de referencia, sea porque los visitó personalmente o porque alguien que se los describió. Aun cuando nunca haya estado en Paris, reconocería la Torre Eiffel al momento de verla. La buena noticia es que lo mismo ocurre con las referencias en el viaje del éxito. Todo lo que necesita es que alguien que esté familiarizado con ellas puede decirle como son, y usted las reconocerá.

*Respuestas: 1f, 2j, 3b, 4g, 5i, 6h, 7c, 8e, 9a, 10d.

Quizás se esté diciendo: «¿Por qué tengo que saber sobre puntos de referencia? ¿No he identificado ya mis metas? ¿No son ellas mis puntos de referencia?» Estas son buenas preguntas. Pero hay unas importantes diferencias entre referencias y metas. Generalmente, las metas le proveen un punto externo al cual apuntar para lograr su sueño. Pero los puntos de referencia son internos, no externos. Ellos señalan cambios en usted —en su modo de pensar y en sus actitudes— que se reflejan exteriormente en su modo de actuar. Mientras más puntos de referencias internos pasa, más lejos llegará en el exterior.

Los puntos de referencia son internos, no externos.

¿CUÁNTO CUESTA LLEGAR A UN PUNTO DE REFERENCIA?

Ralph Waldo Emerson señaló: «Por cada cosa que ganas, pierdes algo». Dicho de otra forma, por cada cosa que gana, usted *paga* algo. H. Jackson Brown, autor del *Librito de Instrucciones de la Vida*, dijo:

> *Pagas un precio por ser más fuerte,*
> *Pagas un precio por ir más rápido.*
> *Pagas un precio por saltar más alto.*
> *(Pero también) por quedarte donde estás se*
> *paga el mismo precio.*

Llegar a los puntos de referencia en el viaje del éxito requiere compromiso y persistencia. Además requiere sacrificio. Para llegar a cada punto de referencia, usted tiene que entregar algo de valor. Es una serie de trueques. El popular orador y amigo, Ed Cole, declaró: «Toda la vida se vive en niveles y se alcanza por etapas».

Permítame compartir con usted sobre las negociaciones más significativas que tendrá que hacer para elevarse a un nivel más alto durante su viaje del éxito. Para alcanzar los niveles más elevados del éxito, usted tendrá que elegir entre...

Logro sobre el reconocimiento

Cuando tenía poco más de veinte años y tuve mi primer trabajo pastoral, me gustaba agradar a la gente. Recibir el reconocimiento de los demás era probablemente la motivación predominante de mi vida. Cuando no recibía el reconocimiento esperado, me molestaba. Me di cuenta lo mucho que me molestaba cuando asistí a mi primera conferencia general.

Estaba realmente entusiasmado con la idea de ir a la conferencia porque había tenido mucho éxito en mi primera posición, y estaba ansioso por dar a conocer mis logros a todos, incluyendo a algunos de los muchachos que habían sido mis compañeros de estudio y con otras personas que había conocido a través de los años. Mi situación podría compararse con el nuevo vendedor de una empresa que toma el territorio disponible más pequeño y obtiene clientes y desarrolla relaciones de negocios que nadie creía posible, y luego genera más ingresos que los vendedores expertos en territorios tres veces más extensos.

El reconocimiento de otros es inconstante y fugaz.

Esperaba que cada persona que encontrara se sintiera feliz

por mí. Después de todo, estábamos en el mismo equipo, trabajando con la misma meta de ayudar a las personas. Pero eso no fue lo que encontré. Nadie quería saber de lo bien que hacía mi trabajo, y no recibí el reconocimiento que tanto deseaba. Reconozco que era un poco engreído en esa época y podría haberle caído mal a algunas personas. Pero también aprendí una lección increíblemente valiosa. El reconocimiento de otros es inconstante y fugaz. Si usted quiere impactar con su vida, tiene que cambiar los elogios que le gustaría recibir de los demás por cosas de valor que usted puede realizar. No puede ser «uno de tantos» y al mismo tiempo seguir su destino.

En una ocasión, un amigo me explicó algo que ilustra muy bien este concepto. Se crió cerca del Océano Atlántico, donde la gente pesca cangrejos para cenar. Me contó que a medida que pescaban los cangrejos los echaban en un canasto o en un balde. Me contó que si tienes un cangrejo en el canasto necesitas taparlo para que no se salga, pero si tienes dos o más, no es necesario. Esto no tenía ningún sentido hasta que me dio más explicaciones. Me dijo que cuando hay varios cangrejos, unos se paran encima de los otros de modo que ninguno logra escapar.

He descubierto que la gente sin éxito actúa de la misma manera. Hacen todo tipo de cosas para impedir que otros tomen la delantera, tratando de impedirles que mejoren como personas o avancen en su situación. Usan toda clase de artimañas para que los demás no salgan del cesto: hacen política, promueven la mediocridad, y otras muchas cosas. Pero la buena noticia es que si la gente trata de hacer esto, usted no tiene por qué entrar en su juego. Puede quedarse fuera del canasto negándose a ser un cangrejo. Quizás tenga que enfrentar la oposición y vivir tiempos de inseguridad, pero gozará de libertad, crecimiento en potencial y satisfacción. Levántese y levante a otros con usted.

Como lo dijo el aviador Charles Lindbergh: «El éxito no se mide por lo que el hombre logra, sino por la oposición que ha encontrado, y por el valor con el que ha mantenido la lucha contra las probabilidades». Tomar la decisión de cambiar el reconocimiento por los logros podría ser uno de los grandes obstáculos que tenga que enfrentar. Pero cuando está dispuesto a hacerlo, usted ha pasado un importante punto de referencia en su viaje del éxito.

Excelencia sobre lo aceptable

Dedicarse a la excelencia es un paso fundamental en el viaje del éxito. Mi amigo Chuck Swindoll, presidente del Seminario Teológico Dallas comentó:

> La excelencia competitiva exige el 100% del tiempo. Si lo duda, trate de mantener la excelencia estableciendo sus estándares en 92%. O aun en 95%. La gente cree que va bien cuando realmente solo se están acercando. La excelencia se reduce a aceptable, y pronto, lo aceptable parece no merecer el sudor si se puede obtener con lo adecuado. Después de esto, la mediocridad está a un respiro de distancia.

No sé si usted, pero yo no he encontrado a un hombre o una mujer de éxito que no haya pasado el punto de referencia de la dedicación a la excelencia personal.

Aunque parezca increíble, la falta de excelencia nada tiene que ver con talento, personalidad, condiciones o suerte. La excelencia es siempre una decisión. Willa A. Foster comentó: «La ca-

**La excelencia es siempre
una decisión.**

lidad nunca es un accidente; es siempre el resultado de una intención elevada, un esfuerzo sincero, una dirección inteligente y una hábil ejecución; representa la sabia decisión entre muchas alternativas».

Para lograr la excelencia por sobre lo que es solo adecuado, siga las siguientes recomendaciones:

- *Preste atención a los detalles*: se necesita una gran cantidad de cosas pequeñas para llegar al cien por ciento.
- *Busque un mejoramiento continuo*: El entrenador de la NBA, Pat Riley dijo: «La excelencia es el resultado gradual de luchar por lo mejor».
- *Practique la disciplina personal*: La disciplina diaria separa lo excelente de lo mediocre. Si quiere cambiar, debe cambiar algo de lo que practica todos los días.
- *Mantenga unos estándares elevados*: D. Bruce Lockerbie, estudiante residente de la Escuela Stony Brook en Nueva York, insistió: «La mediocridad no es un problema nacional ni un problema institucional; tampoco es un problema departamental... La mediocridad es primero una característica personal, una concesión personal para hacer menos de lo mejor que podemos... ¡La mediocridad siempre empieza *conmigo*!"

Su nivel de ejecución es una decisión. Usted puede quedarse en la mediocridad o puede luchar por la excelencia. Pero sepa esto: Su meta no puede ser solo lo adecuado y alcanzar su más elevado potencial.

Crecimiento personal sobre el placer inmediato

Ya hemos hablando en detalle sobre el crecimiento personal, pero permítame recordarle su importancia compartiendo una cita de la cantante de opera Beverly Sills: «No hay atajos hacia ningún lugar que valga la pena ir».

Usted no puede dedicarse a la búsqueda del placer y al mismo tiempo progresar en forma genuina en su crecimiento personal. Tiene que decidir entre uno o lo otro.

Potencial futuro sobre la ganancia financiera

Hay muchas cosas en la vida que valen más que el dinero. Posiblemente lo más grande de todo es el potencial personal. Con mucha frecuencia he cambiado una ganancia económica por la perspectiva de un futuro potencial, particularmente al administrar mi carrera. Aparte de mi papel como fundador de INJOY, solo he tenido cuatro posiciones en más de veintiséis años. Cuando acepté mi primer trabajo, recién salí de la universidad, escogí el que menos salario me ofrecía pero que representaba más oportunidad para crecer. En las dos décadas y media que han pasado desde entonces, solo he aceptado una posición que representó un aumento de sueldo. En todos los demás casos, acepté gustoso una reducción de salario a cambio de la oportunidad de un mayor potencial.

> ## A menudo, el dinero le da opciones, pero no necesariamente añade valor a su vida.

Alcanzar el potencial lleva a la persona a un nivel de vida completamente nuevo. Henry David Thoreau escribió:

Si uno avanza confiadamente en dirección a sus sueños, y se esfuerza por vivir la vida que ha imaginado, se encontrará con un inesperado éxito en cualquier momento. Cruzará una frontera invisible; alrededor suyo y dentro de sí comenzarán a establecerse leyes nuevas, universales y más liberales; y vivirá con la licencia de un orden más elevado de seres.

Cada vez que usted renuncia a la posibilidad de una ganancia económica por la oportunidad de un futuro potencial, habrá pasado otro importante punto de referencia en su viaje del éxito. A menudo, el dinero le da opciones, pero no necesariamente añade valor a su vida.Cuando tome decisiones en el viaje del éxito, báselas en el potencial, no en los dólares.

Un enfoque limitado sobre los intereses dispersos

Cuando es joven y está comenzando, bien puede probar diversas cosas. Esa es una forma de conocer sus fortalezas y descubrir sus sueños. Además, las personas con una actitud de «yo no hago ese tipo de trabajo» y no han pagado el precio, no llegan muy lejos. La capacidad de enfocar su atención casi exclusivamente en lo que hace mejor es un privilegio que usted gana, no un derecho. Pero si ha de ir lejos en el viaje del éxito, en algún punto debe limitar su enfoque. Esto es un punto de referencia importante que usted cruza en la segunda mitad de su vida.

Si vio la película *City Slickers*, probablemente recuerde la escena entre Billy Crystal —un muchacho citadino de vacaciones en el oeste— y Jack Palance, un viejo vaquero malhumorado. El diálogo decía así:

Palance: «¿Qué edad tienes? ¿Treinta y ocho?»
Crystal: «Treinta y nueve».
Palance: «¡Claro! Ustedes llegan por aquí a la misma edad. Con los mismos problemas. Pasan cincuenta semanas metiéndose en líos, y luego piensan que en dos semanas por aquí desharán todos sus enredos. Ninguno lo entiende. [*larga pausa*] ¿Sabes cuál es el secreto de la vida?»
Crystal: «No, ¿cuál?»
Palance: «Es este». [*Levantando el dedo índice*]
Crystal: «¿Tu dedo?»
Palance: «Una cosa. Solo una cosa. Te apegas a ella y todo lo demás carece de significado».
Crystal: «Eso es increíble, pero, ¿cuál es esa cosa única?»
Palance: «Eso es lo que tienes que descubrir».

El vaquero tenía razón. Eso es lo que usted tiene que descubrir. Y cuando lo hace, entonces tiene que estar dispuesto a renunciar a muchas cosas de poca importancia por la oportunidad de hacer eso que es importante.

Trascendencia sobre la seguridad

A la mayoría de las personas les gusta sentir seguridad. Es un deseo natural, que el sicólogo Abraham Maslow reconoció como importante en la jerarquía de las necesidades humanas. Pero para seguir avanzando hacia un nivel más elevado y alcanzar su potencial, usted tiene que estar dispuesto a cruzar otro punto de referencia y cambiar la seguridad por trascendencia. El periodista Tom Brokaw observó: «Es fácil hacer un dólar. Es mucho más difícil hacer la diferencia». Y esto es la esencia de trascender: La habilidad para hacer la diferencia en su mundo y en las vidas de otros.

Bob Buford habla de esto en su libro *Halftime* [Intermedio]. Según él lo ve, nuestra vida se divide naturalmente en dos mitades, con un punto medio que generalmente se ubica en algún punto entre los treinta y los cincuenta años. Dice: «La primera mitad de la vida tiene que ver con recibir y ganar, aprender y ganar... la segunda mitad es más arriesgada porque tiene que ver con vivir más allá de lo inmediato». Luego añade: «Si no asume la responsabilidad de llegar al intermedio y ordenar su vida de modo que su segunda mitad sea mejor que la primera, se unirá a los que se deslizan hacia su jubilación». Según Buford, la clave para hacer que su segunda mitad valga la pena es cambiar hacia lo que trasciende. El resultado es que experimentará una vida con propósito y verá el cumplimiento de la misión de su vida.

No importa cuándo haga el cambio hacia la trascendencia, sea durante su «intermedio» o en otra momento de su vida, sepa que es uno de los puntos de referencia más importantes en el viaje del éxito. Es una decisión que vale lo que cuesta.

El secreto de la continua negociación

A medida que progresa en el camino al éxito, frecuentemente se encontrará frente a una intercesión, y cada vez que lo haga tendrá que tomar una decisión. Usualmente, tendrá tres alternativas: ganar algo, perder algo o negociar algo. En la primera etapa de la vida, usted toma decisiones que suman o restan. Pero a media que transcurre el tiempo, la vida se complica, y si quiere seguir avanzando, tendrá que negociar más. Es esencial reconocer esto. Muchas personas sin éxito pasan gran parte de su vida parados frente a una intercesión esperando por una situación en la que puedan recibir sin dar nada a cambio, pero esto muy raras veces ocurre. Como dice mi amigo David Jeremías: «Tienes que dar para subir». La persona que quiera avanzar sin hacer ningún sacrificio se queda atascada en las intercesiones y nunca avanza en el camino al éxito.

No hay éxito sin sacrificio.

Hay dos puntos claves para poder hacer buenas negociaciones en el viaje del éxito. La primera es estar dispuesto a hacer sacrificios. La verdad es que no hay éxito sin sacrificio. Si actualmente está disfrutando del éxito y no ha hecho ningún sacrificio, entonces alguien que lo hizo antes de usted lo está beneficiando. Si hace sacrificios hoy y no ve el éxito, tenga por seguro que usted o alguien más va a disfrutar de los resultado de esos sacrificios dentro de algún tiempo.

Durante mi niñez, mis padres me enseñaron este concepto. Papá decía: «John, puedes pagar ahora y jugar después, o puedes jugar ahora y pagar después. Pero de cualquier manera, tendrás que pagar». Mamá y papá nos estimulaban a pagar primero, y esto se convirtió en el estilo de vida para mi hermano Larry, mi hermana Trish y para mí. A lo largo del camino aprendí otra verdad: Cuando paga primero, a la larga paga menos, y raras veces se encuentra en apuros con los plazos o con una inesperada falta de recursos. No solo eso; cuando paga primero, generalmente las recompensas son mayores y aumenta su número de alternativas.

El segundo secreto para hacer buenas negociaciones es la perseverancia a la antigua. Quizás ya haya escuchado esta afirmación hecha por el presidente Calvin Coolidge, pues a Ray Kroc —fundador de Mac Donald's— era muy aficionado a citarla: «Nada en el mundo puede tomar el lugar de la perseverancia. El talento no puede hacerlo; nada es más común que hombres talentosos sin éxito. El genio tampoco; el genio sin recompensa es casi un proverbio. La educación tampoco; el mundo está lleno de marginados educados. Solo la perseverancia y la determinación son poderosas».

La buena noticia es que usted no necesita haber nacido con perseverancia para tenerla. Es una actitud que puede desarrollar y fortalecer. Si está inclinado a ceder en lugar de luchar, mejore su nivel de perseverancia haciendo lo siguiente:

Desarrolle su carácter

Ninguna cualidad le servirá mejor en el viaje del éxito que el carácter. Robert A. Cook declaró: «No hay sustituto para el carácter. Puede comprar cerebros, pero no puede comprar carácter». No solo le ayuda a ir más lejos, sino que también le ayuda a hacer las decisiones correctas a lo largo del camino.

Examine las diferencias entre los enfoques del viaje del éxito de una persona sin carácter y otra con él:

Sin carácter	Con carácter:
Hace lo más fácil	Hace lo correcto
Su estado de ánimo lo controla	Sus valores lo controlan
Busca excusas	Busca soluciones

Se rinde ante los retos	Persevera ante los retos
Se apoya en motivaciones externas	Se apoya en motivaciones internas
No hay relación entre sus palabras y los hechos	Sus palabras y los hechos están de acuerdo
Sus decisiones lo llevan al fracaso	Sus decisiones lo llevan al éxito

El campeón olímpico Jesse Owens dijo:

> Hay algo que le puede ocurrir a cualquier atleta, a todo ser humano; es el instinto de aflojar, de ceder ante el dolor, de dar menos que lo mejor de uno... el instinto de esperar ganar por medio de la suerte o cuando tu oponente no da lo mejor de sí, en vez de alcanzar y superar tu límite, que es donde se siempre se encuentra la victoria.
>
> Derrotar esos instintos negativos que afloran para derrotarnos es la diferencia entre ganar y perder, y enfrentamos esa batalla todos los días de nuestra vida.

Jesse Owens venció esos instintos negativos. Estableció marcas mundiales cuando estaba en escuela intermedia. Luego siguió mejorando y estableció una marca mundial en la escuela superior. Cuando llegó a la universidad, no aflojó la marcha. En solo una competencia, estableció tres marcas mundiales en menos de una hora. Luego en 1936, demostró la profundidad de su carácter y su dedicación a la perseverancia al competir en los Juegos Olímpicos, en el corazón de la hostil Alemania nazi. Empató una marca mundial y estableció tres marcas olímpicas, ganando cuatro medallas de oro. Sus logros son un testimonio de su dedicación, y son un claro ejemplo del papel del carácter cuando se trata del éxito.

Enfóquese en el cuadro completo

Jesse Owens es ciertamente uno de los campeones más queridos en la historia olímpica, pero no solo los ganadores muestran lo que se necesita para ser exitoso. Una noche de octubre de 1968, un grupo de espectadores perseverantes se quedó en el Estado Olímpico de la Ciudad de México para ver la llegada del último corredor de la maratón. Más de una hora antes, Mamo Wolde de Etiopía había ganado la carrera, por lo que recibió los vitores de los espectadores. Pero a medida que la gente esperaba por los últimos participantes, iba oscureciendo y la temperatura bajaba.

Parecía que ya había llegado el último de los corredores, de manera que los espectadores comenzaron a retirarse, cuando de pronto oyeron sirenas y pitos de la policía que venían de la puerta de la maratón en el estadio. Y mientras todos observaban, el último corredor hizo su entrada en la pista para el último tramo de los cuarenta y dos kilómetros. Era John Stephen Akwhari de Tanzania. Mientras corría en la pista los últimos cuatrocientos metros, el público podía ver que su pierna estaba vendada y sangraba. Se había lesionado al caer durante la carrera, pero eso no lo había detenido. El público del estadio se puso de pie para aplaudirlo hasta que llegó a la meta.

Mientras se retiraba cojeando, le preguntaron por qué no se había rendido, si estaba lesionado y no tenía posibilidad de ganar una medalla. «Mi país no me envió a México para comenzar una carrera», respondió. «Me mandaron a terminar una carrera».

Su meta es terminar la carrera; dar lo mejor de sus capacidades.

Akhwari miró más allá del dolor del momento y mantuvo su ojo en el cuadro completo; en la razón por la que estaba allí. A medida que usted hace el viaje del éxito, recuerde que su meta es terminar la carrera, dar lo mejor de sus capacidades. Usted fue creado con un propósito. Haga sus decisiones y planifique sus esfuerzos de acuerdo a esto.

Deseche las excusas

George Washington Carver dijo: «El noventa y nueve por ciento de los fracasos vienen de personas que tienen el hábito de dar excusas». Carver no desconocía la adversidad y podría fácilmente haber encontrado excusas para no tener éxito. Pero ese no era su estilo. A pesar de haber nacido en esclavitud, se levantó por encima de las circunstancias. Obtuvo un grado de bachiller y uno de maestría en el campo de la agricultura en la Universidad Estatal de Iowa, mientras se dedicaba a educar a los campesinos pobres afroamericanos. Desarrolló un programa de extensión en el Instituto Tuskegee de Alabama para llevar el aula a la gente del sur, y les enseñó métodos agrícolas y economía doméstica. Y sus investigaciones dieron como resultado el desarrollo de centenares de productos tales como el maní y las batatas. Hizo todo esto a pesar de la falta de recursos y de oportunidades, debido a la segregación racial. Cuando otros hubieran dado excusas, Carver logró la excelencia.

La persona sin éxito siempre puede encontrar razones para explicar por qué no le está yendo bien. Pero la gente exitosa no busca excusas, aun cuando pudieran justificarse. Sin importar las circunstancias, hacen lo mejor y siguen adelante. Esto es lo que significa perseverar.

E. M. Gray dijo: «La persona exitosa tiene el hábito de hacer las cosas que a los fracasados no les gusta hacer. A la persona de éxito tampoco le gusta hacerlas, pero su gusto queda subordinado al poder de su propósito». Si usted se ha permitido desarrollar el hábito de las excusas, propóngase cambiar hoy mismo. Cambiar las excusas por la excelencia abre las puertas hacia muchas otras negociaciones positivas que necesitará hacer para ser exitoso.

Entienda las probabilidades

Una vez que usted ha entendido lo que se necesita para ser exitoso, entonces entiende el rol que juega la perseverancia. Puede vencer los tropiezos solo si tiene la disciplina de seguir adelante cuando otros se rinden. Como dijo el presidente Harry Truman: «Al leer la vida de los grandes hombres, encontré que la primera victoria que obtuvieron fue sobre sí mismos. En cada uno de ellos, la disciplina personal fue lo primero».

Leí los resultados de un estudio realizado por la Asociación Nacional de Ejecutivos de Ventas. Esto es lo que hallaron:

- El 80% de las ventas nuevas se hacen después de la quinta llamada al mismo prospecto.
- El 48% de los vendedores hacen una llamada y luego tachan al prospecto.
- El 25% se rinde luego de la segunda llamada.
- El 12% llama tres veces y luego se rinden.
- El 10% sigue llamando.

Las personas que constituyen ese 10% de la fuerza de vendedores son los que hacen —y por mucho— la mayoría de las ventas. Y lo que es cierto para los vendedores también le aplica a usted. Sea usted un ingeniero, ama de casa, educadora o empresario, el éxito no resulta de un talento superior, del intelecto ni de la suerte. La perseverancia rinde frutos.

Manténgase con hambre

¿Tiene hambre de éxito?

El autor Rudyard Kipling escribió: «Si no logras lo que deseas, es señal de que no lo deseas en serio, o que has tratado de regatear el precio».¿Hasta que punto desea usted alcanzar su potencial y cumplir el propósito en la vida? ¿Tiene hambre de éxito? Se necesita pasión de su parte para seguir creciendo, aprendiendo y negociando. Esa pasión nutrirá su perseverancia.

Con el paso de los años he descubierto que durante toda la vida tenemos que negociar para tener éxito, y solo por medio de intercambios sabios podemos alcanzar nuestro potencial. El problema de muchas personas sin éxito es que no han trabajado para desarrollar lo que se necesita para negociar. Quieren cambiar el ser un saco de papas por ser el presidente de la Bolsa de Valores de Nueva York. Pero esto no funciona así. Usted puede negociar solo cuando tiene algo que vale la pena cambiar. Y cuando hace la negociación, usted no cambia lo más pequeño por lo más grande, sin pasar todos los niveles intermedios. Usualmente, puede moverse solo un nivel a la vez, sea hacia arriba o hacia abajo.

No hace mucho, hice la negociación más grande de mi vida. Renuncié a mi posición como líder de la Iglesia Wesleyana Skyline en San Diego, California, la iglesia más grande de la denominación y una de las más famosas del país. En los círculos eclesiásticos, era una posición de prestigio. Podría haberme quedado allí por el resto de mi vida, ofreciendo cuidado pastoral a la gente y disfrutando de las muchas atenciones dentro de la iglesia. Pero eso hubiera significado dar la espalda a mi propósito y renunciar a un máximo desarrollo de mi potencial. Así que el 9 de julio de 1995, prediqué mi último sermón en Skyline y cambié la carrera a la que había dedicado veintiséis años de mi vida por dedicarme a tiempo completo a mi compañía INJOY.

Fue la decisión correcta. Uno de mis deseos es impactar positivamente la vida de más de diez millones de personas durante mi vida, enseñándoles y proveyéndoles recursos sobre liderazgo y desarrollo personal. No sé si lo lograré, pero no importa. El éxito para mí no significa necesariamente alcanzar esa meta. Es emprender el viaje. Más importante es el hecho de que hice la negociación para tratar de alcanzar mi potencial. Pasé otro punto de referencia en el viaje del éxito, y sé que voy en la dirección correcta.

Espero que usted también ponga su mira en avanzar siempre hacia adelante y hacia arriba en su viaje. Para hacerlo, necesitará hacer negociaciones a lo largo del camino, con frecuencia sacrificando algo bueno para lograr algo mejor. Pero es un precio que vale la pena pagar. Mientras hace las negociaciones, siga buscando los puntos de referencia. Ellos le dirán si lo está haciendo bien, y si está más cerca de alcanzar su potencial.

PASOS PARA DAR EN EL CAMINO: ¿Ya llegamos?

Ahora que sabe que la respuesta a la pregunta: «¿ya llegamos?» es siempre «todavía no», puede concentrarse en el desarrollo de la perseverancia y hacer las negociaciones que le capacitarán para avanzar a un nivel más alto en su viaje. Haga los siguientes ejercicios.

1. ¿Cómo desarrollar su perseverancia?: Harold Sherman, autor de **How to Turn Failure Into Success**, escribió un código de perseverancia. Memorícelo para automotivarse a ser más perseverante.

1. Nunca me daré por vencido mientras sepa que estoy en lo correcto.
2. Creeré que todas las cosas me ayudarán a bien si me aferro a ellas hasta el fin.
3. Seré valiente y no desmayaré frente a las probabilidades poco prometedoras.
4. No permitiré que nadie me intimide o me desvíe de mis metas.
5. Lucharé para vencer todos los reveses y las desventajas físicas.
6. Trataré una y otra vez, y aún una vez más, para lograr lo que deseo.
7. Haré una nueva resolución y renovaré mi fe, sabiendo que todas las personas exitosas han luchado contra la derrota y la adversidad.

8. Nunca me rendiré ante el desaliento o la desesperación, sin importar los obstáculos que se me interpongan.

2. ¿Cómo avanzar al siguiente nivel?: En su viaje del éxito, ¿qué significa para usted avanzar al siguiente nivel?, ¿dónde estaría?, ¿qué estaría haciendo de manera diferente?, ¿qué responsabilidades adicionales tendría?, ¿qué podría negociar? Descríbalo aquí:

_____
_____
_____
_____

3. ¿Cómo identificar lo que logrado hasta aquí?: ¿Qué ha logrado ya que necesitará negociar para avanzar al siguiente nivel? ¿qué debe sacrificar? (Nota: Hay cosas que no vale la pena sacrificar: su integridad, su matrimonio, su familia, su fe, etc.)

_____
_____
_____
_____

Siembre
semillas que
beneficien
a otros

Capítulo 8

¿Es
un viaje
familiar?

Bastante temprano en nuestro matrimonio, Margaret y yo nos dimos cuenta que en mi carrera tendría la oportunidad de viajar con frecuencia. Y decidimos que cada vez que tuviera la oportunidad de ir a algún lugar interesante o de asistir a un evento que fuera estimulante, ella vendría conmigo, aun cuando fuera financieramente difícil. A través de los años, hemos un buen trabajo para responder a este compromiso. Pero como viajo con tanta frecuencia y Margaret ha necesitado quedarse en casa con los niños, a veces he tenido que viajar solo.

Por ejemplo, recuerdo que hace unos diez años viajé a Lancaster, Pennsylvania, para dirigir una conferencia. A Margaret y a mí nos gusta mucho esa zona, especialmente la región de los amish. Las granjas y las casas antiguas son increíblemente hermosas. En ese viaje en particular, tuve la gran fortuna de tener algo de tiempo libre para salir a explorar. Por lo que salí a dar una vuelta por el campo, me comí un delicioso almuerzo «hecho en casa» en un pequeño restaurante holandés de Pennsylvania, e hice algunas compras.

Mientras andaba por allí, decidí que no regresaría a casa sin llevarle a Margaret un edredón acolchado hecho a mano. Pregunté dónde era el mejor lugar para comprar uno, y llegue a una granja en el campo que tenía una docena de edredones colgados en el pórtico. Le compre el más hermoso que tenían y pedí que me lo envolvieran. Cuando llegué a casa, casi no podía esperar para entregárselo. Y como lo había deseado, cuando abrió el paquete, quedó encantada.

Realmente he disfrutado mucho el traer regalos a Margaret y a los muchachos a lo largo de los años. Y es divertido contarles algunas de las cosas que suceden. Es una manera de compartir el viaje con ellos. Pero hemos descubierto que no importa lo que traiga o lo que haga para incluir a la familia después de regresar de un viaje, nada se compara con llevarlos contigo.

Me encanta llevar mi familia conmigo —aun en los viajes de negocios— porque tengo la oportunidad de compartir con ellos las alegrías y recompensas del viaje. Margaret, Elizabeth, Joel Porter y yo hemos estado juntos en las capitales europeas, en las junglas sudamericanas, en las populosas ciudades de Corea, en las partes rurales de Australia y en safaris por Sudáfrica. Hemos conocido personas maravillosas de todas las razas y de una multitud de nacionalidades. Hemos tenido la oportunidad de ver y hacer cosas que quedarán en nuestra mente por el resto de nuestra vida.

Esos viajes han sido divertidos. Pero nuestros viajes a través del globo en ninguna manera se comparan con el otro viaje que he emprendido con ellos: el viaje del éxito. ¿De qué me serviría ganar a todo el mundo y perder a mi familia?

Cuando converso con las personas acerca de la idea del viaje del éxito los he escuchado contar interesantes historias. Por ejemplo, Stephanie Wetzel me contó de un incidente en un viaje del coro del colegio. Ella iba con un coro de unas cincuenta personas recorriendo el país en autobús. El director del coro llevó a toda su familia: su esposa, su hija —ya en escuela secundaria— y su hijo de siete años.

La peor parte del viaje era la larga y caliente travesía a través Texas. Para romper la monotonía, se detenían de vez en cuando para descansar y darle la oportunidad a los chicos de estirar las piernas e ir al baño. Después de hacer una de estas paradas en el medio de la nada, y una hora después de partir, descubrieron algo. No encontraban al hijo de siete años del director.

Inmediatamente dieron vuelta y se dirigieron a la última parada. El director le insistía al conductor que acelerara. No podían dejar de pensar en las cosas terribles que podrían pasarle en una hora. Cuando finalmente llegaron al lugar de descanso, ya eran presa del pánico. Todos saltaron del autobús para buscarlo. No se necesitó mucho tiempo para encontrarlo. Uno de los muchachos lo encontró en el baño de los varones... cazando moscas. Ni siquiera se había dado cuenta que lo habían dejado.

Si tiene hijos, usted sabe cuán traumático puede ser este incidente para un padre. Sin embargo, a pesar de lo mucho que los padres aman a sus hijos, cada día muchos de ellos se alejan de sus familias en la búsqueda del éxito. Es como si estuvieran manejando en la carretera, y pasara bastante tiempo antes de darse cuenta que han dejado atrás a los miembros de su familia. La tragedia es que muchos le dan mayor valor a su carrera, su éxito o su felicidad personal que a sus familias. Deciden que es demasiado trabajo regresar, así que siguen su viaje. Dejan a la esposa y a sus hijos que se las arreglen solos, como ese pequeño niño si el director del coro no hubiese regresado a buscarlo.

¿Sabía usted que según estadísticas del Departamento del Trabajo, en los Estados Unidos las familias se disuelven a un ritmo mayor que cualquier otro país industrializado? También llevamos la delantera en el número de padres ausentes del hogar. Las leyes de divorcio de Estados Unidos son las más permisibles del mundo, y la gente las están usando a un ritmo alarmante. Para algunas personas, el matrimonio y la familia se han convertido en víctimas aceptables en la búsqueda del éxito.

Pero muchas otras se están dando cuenta que la esperanza de

felicidad a expensas de la ruptura familiar es una ilusión. No puede desechar su matrimonio o descuidar a sus hijos y tener un éxito verdadero. Formar y mantener una familia fuerte nos beneficia en todo sentido, incluyendo el ayudarnos a hacer el viaje del éxito. Nick Stinner afirmó hace más de una década: «Cuando tienes una vida familiar fuerte, recibes el mensaje de que eres amado, te cuidan y eres importante. *La dosis positiva de amor, afecto y respeto... te da los recursos internos para enfrentar la vida en forma más exitosa*» (énfasis añadido).

Creo que el logro más grande de mi vida fue conseguir que Margaret se casara conmigo. Somos socios en todo, y sé que sin ella no hubiera alcanzado ningún éxito en la vida. Pero mi gratitud hacia ella y mis hijos no viene de lo que ellos me han dado. Viene de lo que ellos son para mí. Hace ya varios años comprendí que todo el éxito del mundo es nada si no eres amado y respetado por los seres más íntimos. Cuando llegue al final de mis días, no quiero que Margaret, Elizabeth o Joel Porter digan que fui un buen autor, orador, pastor o líder. Mi deseo es que mis hijos piensen que soy un buen padre y Margaret piense que soy un buen esposo. Eso es lo que más importa. Es la medida del verdadero éxito.

PASOS PARA FORMAR UNA FAMILIA SÓLIDA

Los matrimonios buenos y las familias sólidas son un gozo, y hacen que el viaje del éxito valga la pena. Pero no ocurren en forma espontánea. El Dr. R. C. Adams, que estudió miles de matrimonios en un lapso de diez años, descubrió que solo el diecisiete por ciento de las uniones estudiadas podían considerarse felices. Y Jarle Brors, director del Instituto para las Relaciones Matrimoniales y Familiares en Washington D.C., dijo: «Finalmente nos estamos dando cuenta de que tenemos que regresar a lo básico para reestablecer el tipo de familias que ofrecen la clase de seguridad en la que los niños pueden crecer». Si queremos tener familias sólidas y matrimonios sanos, tenemos que trabajar arduamente para crearlos.

Si usted tiene una familia, o intenta tener una en el futuro, considere las siguientes directrices. Han ayudado en el desarrollo de la familia Maxwell, y creo que pueden ayudar a fortalecer la suya.

Demuestre aprecio mutuo

Escuche que alguien decía en broma que el hogar es el lugar donde los miembros de la familia acuden cuando se cansan de ser amables con otras personas. Desgraciadamente, algunos hogares parece que funcionan de esa manera. El vendedor pasa el día tratando a sus clientes con su máxima bondad, con frecuencia frente al rechazo, a fin de fortalecer su negocio, pero es rudo con su esposa cuando llega a casa. El doctor pasa el día siendo cariñoso y compasivo con sus pacientes, pero llega a casa agotado y explota con los hijos.

Para edificar una familia sólida usted tiene que desarrollar un ambiente que apoye. El psicólogo William James comentó: «En cada persona, desde la cuna hasta la tumba, hay un anhelo profundo de ser apreciado». El sentirse apreciado hace aflorar lo mejor de la persona. Cuando ese aprecio entra en el hogar y se une a la aceptación, el amor y el estímulo, los lazos entre los miembros de la familia crecen, y el hogar se convierte en un puerto seguro para cada uno.

Haga de su hogar un ambiente de apoyo.

Creo que la capacidad del aprecio mutuo proviene de la capacidad de entender cómo son los miembros de la familia. Si usted es casado, probablemente ya se haya dado cuenta de las muchas diferencias entre usted y su pareja. Quizás hasta espera que haya diferencias. Pero podría sorprenderse al saber que sus hijos son también diferentes, no solo entre ellos, sino de usted y de su esposa.

Un libro escrito por Florence Littauer llamado *Personality Plus* (Personalidad y más) nos ayudó a Margaret y a mí a entender nuestras diferencias con los niños y con los demás. La información fue una gran sorpresa y alivio. Nos ayudó a entender los cuatro tipos básicos de personalidad:

- *Sanguíneo*: desea diversión; es extrovertido, orientado hacia las relaciones, ingenioso, de trato fácil, popular, artístico, emocional, franco y optimista.
- *Melancólico*: desea la perfección; es introvertido, trabajador, artístico, emocional orientado a las metas, organizado y pesimista.
- *Flemático*: desea paz; es introvertido, no se muestra emotivo, de voluntad firme, orientado a las relaciones, pesimista e impulsado por su propósito.
- *Colérico*: desea el poder o el control; es fuerte de voluntad, decisivo, orientado a las metas, organizado, no es emotivo, es franco, extrovertido y optimista.

Todos en su familia —y cada persona que encuentre— exhibirá primordialmente características de uno o dos tipos de personalidad.

Otro instrumento para ayudarle a apreciar el carácter único de cada miembro de la familia es la capacidad de ver los talentos naturales del otro o «inteligencias» según lo describe Thomas Armstrong en su libro *7 Kinds of Smart* [Siete tipos de inteligencia]. Cuando la mayoría de nosotros mira a los demás, tendemos a medirlos según nuestros propios talentos o en comparación al punto de vista académico y tradicional de la inteligencia. Pero

Armstrong describe siete tipos de inteligencias que toda la gente tiene en uno u otro grado:

1. Inteligencia lingüística (capacidad de usar las palabras): Las personas hábiles en esta área pueden argumentar, persuadir, entretener o instruir en forma eficaz usando la palabra hablada. Disfrutan de los juegos de palabras y trivia, leen con voracidad y escriben claramente. Ejemplos: William Shakespeare, James Joyce y Abraham Lincoln.

2. *Inteligencia lógica- matemática* (trabajan con números y lógica): la gente con habilidades en esta área tiene la capacidad de razonar, crean hipótesis, piensan en función de causa y efecto y hallan patrones conceptuales o numéricos en las cosas que los rodean. Ejemplos: Albert Einstein, Sir Isaac Newton, Bill Gates.

3. *Inteligencia espacial* (piensan en cuadros e imágenes): las personas con habilidad espacial pueden percibir, transformar y recrear diferentes aspectos del mundo espacial visual. Son sensibles a los detalles visuales, pueden visualizar vívidamente, orientarse en el espacio tridimensional y a menudo dibujan o esquematizan ideas. Ejemplos: Pablo Picasso, Thomas Edison y Frank Lloyd Wright.

4. *Inteligencia musical* (perciben, aprecian y producen ritmos y melodías): Las personas con esta inteligencia tienen un buen oído, pueden llevar el tiempo, cantan en su nota y escuchan música con discernimiento. Ejemplos: Johann Sebastian Bach, George Gershwin y Beverly Sills.

5. *Inteligencia cinestética-corporal* (conocimiento del ser físico): Las personas con dones en esta área son buenas en controlar los movimientos de su cuerpo, manipular objetos con destreza y realizar otras actividades físicas. Ejemplos: Michael Jordan, Charlie Chaplin y Fred Astaire.

6 *Inteligencia interpersonal* (entendimiento y capacidad de trabajar con las personas): Los que tienen esta inteligencia pueden darse cuenta y responder a los humores, tem-

peramentos, intenciones y deseos de otros. Ejemplos: Ronald Reagan, Madre Teresa y Zig Ziglar.

7. *Inteligencia intrapersonal* (conocimiento del ser interior). Las personas dotadas en esta área son introspectivas, buenas para evaluar sus propios sentimientos, y capaces de un pensamiento espiritual profundo o intelectual. Ejemplos: John Wesley, Laurence Olivier y Joyce Brothers.

Todos nosotros tenemos una mezcla de fortalezas y debilidades en cada una de estas áreas que nos hace únicos. Una vez que entiende bien cómo son los demás miembros de su familia, se hace más fácil ser más sensible y expresar el amor mutuo.

He escuchado que por cada observación negativa hacia un miembro de la familia, se necesitan cuatro afirmaciones positivas para contrarrestar el daño. Por eso es tan importante enfocar el aspecto positivo de la personalidad del otro y expresar el amor incondicional por cada uno, tanto de manera verbal como sin palabras. Es entonces cuando el hogar se convierte en un ambiente positivo para todos.

Organice su vida para pasar algún tiempo juntos

Se ha dicho que el hogar norteamericano se ha convertido en un césped doméstico por donde los miembros de la familia pasan mientras se encaminan a una multitud de lugares y actividades. Esto parece ser cierto. Cuando era un niño, pasaba mucho tiempo con mis padres, hermanos y hermana. Salíamos en vacaciones familiares, generalmente en auto. Salíamos con regularidad los sábados y disfrutábamos juntos de ir a nadar, ver partidos de fútbol o ir al cine. Cenábamos juntos todos los días. Ese era nuestro tiempo especial en familia, y no hacíamos planes que interfieran con esto.

Como padre, ha sido muy difícil para mí mantener viva esa

tradición. Hemos logrado planificar y tener vacaciones juntos, pero a veces hemos tenido que ser muy creativos para algún tiempo pasar juntos. Por ejemplo, cuando los niños aún eran pequeños, siempre trataba de llevarlos a la escuela en la mañana y pasar con ellos algún tiempo. Establecí la práctica de estar unos minutos con cada uno de ellos, individualmente, al irse a la cama. Pero con todo lo que ocurría en nuestra vida tan ocupada, nos dimos cuenta que la única manera de pasar tiempo juntos era planificarlo cuidadosamente.

Cada mes paso varias horas examinando mi programa de viajes, decidiendo sobre las lecciones que debo escribir, pensando en los proyectos que debo completar, etc. Y en ese momentos, planifico mi trabajo para todo el mes. Pero antes de marcar mis compromisos de trabajo, anoto todas las fechas importantes para las actividades familiares. Marco con un cuadrado los cumpleaños, aniversarios, juegos de pelota, presentaciones teatrales, ceremonias de graduación, conciertos y cenas románticas. También programo mis momentos personales con Margaret y con cada uno de los chicos de modo que sigamos fortaleciendo nuestra relación. Cuando todo esto tiene fecha, entonces planifico mi programa de trabajo alrededor de ellos. He hecho esto durante años, y ha sido la única forma de impedir que mi trabajo saque a mi familia del programa. He descubierto que si no organizo mi vida estratégicamente para pasar tiempo con mi familia, entonces no ocurrirá.

Las tradiciones tienen el valor adicional de crear continuidad dentro de la familia.

Además de programar acontecimientos especiales, es importante observar las tradiciones familiares o simplemente tener momentos de diversión. Ambos crean memorias especiales y unidad entre los miembros de la familia. Las tradiciones tienen el valor adicional de crear continuidad dentro de la familia, aun en medio de los rápidos cambios. En realidad no importa lo que haga siempre y cuando lo disfruten juntos: contemplar los fuegos artificiales, adornar el árbol de navidad, ir a Disneylandia en las vacaciones, preparar una cena especial en el día de Acción de Gracias. Sea creativo e inicie sus propias tradiciones.

Enfrente la crisis de un modo positivo

Todas las familias tienen problemas, pero no todas responden a ellos de la misma manera. Esto hace la diferencia entre una familia que permanece unida y las que a duras penas se mantiene juntas. He notado que algunas personas que buscan el éxito parecen evitar el ambiente familiar. Sospecho que una razón es que no pueden manejar bien las crisis familiares. Encuentran más fácil tratar de eludir completamente el problema. Pero esa no es una solución.

M. Scott Peck, autor de *The Road Less Traveled* [El camino menos andado], ofrece algunas ideas extraordinarias sobre el tema de los problemas y cómo manejarlos:

> Es en todo este proceso de enfrentar y resolver problemas es que la vida adquiere sentido. Los problemas son el filo que separa al éxito del fracaso. Los problemas llaman a dar un paso adelante a nuestro valor y sabiduría; de hecho, ellos crean nuestro valor y sabiduría. Gracias a los problemas crecemos mental y espiritualmente... Es a través del dolor de confrontar y resolver problemas que aprendemos. Como dijo Benjamín Franklin: «Las cosas que lastiman, enseñan».

Si vamos a crecer como familias y a tener éxito en el hogar —y en otras áreas de nuestra vida— debemos aprender a tratar las dificultades que encontramos allí. Estas son algunas estrategias que le ayudarán en el proceso de resolver problemas:

- *Ataque el problema, nunca a la persona.* Siempre trate de servir de apoyo. Recuerde que todos ustedes están del mismo lado. No descargue sus frustraciones sobre las personas. En lugar de esto, ataque el problema.
- *Reúna todos los hechos.* Nada puede causar más daño que llegar a falsas conclusiones durante una crisis. No desperdicie su energía emocional y física tratando de resolver el problema equivocado. Antes de tratar de encontrar la solución, asegúrese de saber lo que realmente está ocurriendo.
- *Haga una lista de todas las alternativas.* Esto puede sonar un tanto analítico, pero realmente ayuda porque puede mirar un asunto emocional con alguna objetividad. Además, si ha tenido un problema en el trabajo, probablemente querrá repasar el proceso. Dé a un problema familiar el mismo tiempo y energía que le daría a un problema profesional.
- *Escoja la mejor solución.* Mientras escoge una solución, siempre recuerde que las personas son su prioridad. Haga su elección de acuerdo a esto.
- *Busque lo positivo del problema.* Como dijo el Dr. Peck, «las cosas difíciles nos dan la oportunidad de crecer». No importa lo mala que parezca una situación al momento, casi todo trae algo positivo.
- *Nunca niegue su amor.* No importa cuán malas estén las cosas o lo enojado que esté, nunca le niegue su amor a su esposa o a sus hijos. Dígales cómo se siente. Reconozca el problema. Pero siga amando incondicionalmente a su familia a través de todo problema.

Este último punto es el más importante de todos. Cuando se siente amado y apoyado por su familia, puede superar casi cualquier crisis. Puede realmente disfrutar del éxito.

> **Encuentre razones creativas para conversar unos con otros.**

Comuníquese continuamente

Un artículo en el *Dallas Morning News* informaba que el promedio de los matrimonios con diez o más años de casados dedicaba solo unos treinta y siete minutos semanales a una comunicación significativa. Casi no podía creerlo. Compare esto al hecho de que el norteamericano promedio dedica diariamente casi cinco veces ese tiempo a ver televisión. ¡Con razón tantos matrimonios están en problemas!

Como cualquiera otra cosa, la buena comunicación no se desarrolla por sí misma. Hay que cultivarla, y ese proceso requiere tiempo y esfuerzo. Estas son algunas sugerencias que le ayudarán a hacerlo:

- *Desarrolle estructuras de comunicación*. Encuentre razones creativas para conversar unos con otros. Salgan juntos como familia a dar paseos en los que puedan conversar. Llame a su esposa un par de veces durante el día. Almuercen juntos una vez por semana. Ofrézcase a llevar a los niños a la práctica de fútbol para que puedan conversar. En casi cualquier lugar se puede establecer comunicación.
- *Controle a los asesinos de la comunicación*. La televisión y el teléfono probablemente quiten la mayor parte del tiempo que la familia tiene para comunicarse. Limite la cantidad de tiempo que les dedica, y se sorprenderá de la cantidad de tiempo que tiene para conversar.
- *Estimule la honestidad y la transparencia en la conversación*. Las diferencias de opinión son saludables y normales en una

familia. Anime a todos los miembros de su familia a hablar de lo que piensan, y cuando lo hayan hecho, nunca los critique o ridiculice.

- *Adopte un estilo de comunicación positivo.* Esté consciente de la manera en que usted interactúa con los miembros de su familia. Quizás haya adoptado un estilo que reprime la comunicación franca. Examine la siguiente tabla:

Estilos de comunicación

Estilo de comunicación	Resultados del proceso de comunicación	Dirección hacia donde lleva a la persona	Efecto sobre el receptor
Venganza	Destruye la comunicación positiva	Uno contra otro	Degrada
Dominio	Destruye la comunicación franca	Superior a los otros	Intimida
Aislamiento	Destruye la esperanza de comunicación	Alejado de los demás	Frustra
Cooperación	Desarrolla la comunicación positiva y franca	Uno con otro	Alienta

Si usted tiene la costumbre de usar cualquier estilo que no sea el de cooperación, comience a trabajar de inmediato para cambiarlo. Tendrá que hacer esto si desea edificar una buena relación con su familia.

Comparta los mismos valores

Leí un artículo de Dottie Enrico en el periódico *USA Today* titulado «Encuesta: Héroes caídos entre los atletas más admirados». Apareció durante el juicio criminal por homicidio contra

O. J. Simpson. El artículo presentaba una encuesta realizada por la «Sponsorship Research International» de Stanford, Connecticut, y los resultados eran asombrosos. Entre los veinte atletas señalados como los más admirados estaban Mike Tyson, O. J. Simpson y Tonya Harding. El artículo seguía diciendo: «Los especialistas en comportamiento dicen que la presencia en la lista de Tyson (convicto por violación), Simpson (procesado por homicidio) y Harding (encontrada culpable de conspiración) es una perturbadora declaración sobre los valores norteamericanos».

Los valores compartidos fortalecen la familia.

Una de las razones para la gente parezca extraviada cuando se habla de los valores es que las familias ya no le prestan la atención que antes tenían. William Kilpatrick —profesor de educación en Boston College—, dijo: «Existe el mito de que los padres no tienen derecho a inculcar sus valores a los hijos. Una vez más, el dogma estándar es que los niños deben crear sus propios valores. Pero de hecho, los niños tienen muy poca oportunidad de hacerlo... ¿tiene sentido que los padres permanezcan como observadores neutrales cuando todos los demás, desde escritores de libretos, hasta el mundo del espectáculo, los publicistas y los educadores sexuales insisten en venderles sus valores a los niños?»

Los valores compartidos fortalecen la familia y son especialmente beneficiosos para los niños mientras crecen. Un estudio conducido por el *Search Institute* (Instituto de Investigación) mostró que en los hogares con solo uno de los padres, los hijos a quienes se le expresan y exigen normas, progresan a un ritmo dos veces mayor que los niños a los que no se les inculcan valores de la misma forma. Y esto ni siquiera toma en cuenta que los valores hayan sido los que consideraríamos positivos.

La mejor manera de empezar a trabajar para tener valores familiares compartidos es identificar aquellos que usted quiere inculcar. Si su familia es como la mayoría, nunca antes ha hecho esto. Pero para poder vivirlos, primero tiene que descubrirlos. Hay entre tres a siete de ellos que querrá adoptar como suyos.

Permítame dar la lista de los cinco que hemos identificado en la familia Maxwell para que tenga una idea de qué estoy hablando:

1. Compromiso con Dios
2. Compromiso con el desarrollo personal y familiar
3. Experiencias mutuas compartidas
4. Confianza en nosotros mismos y en los demás
5. El deseo de hacer una contribución en la vida

Indudablemente, los valores que usted elija serán distintos de los nuestros, pero necesita identificarlos. Si nunca lo ha hecho, dedique tiempo a conversar con su esposa y sus hijos sobre sus valores. Si sus hijos son mayores, inclúyalos en el proceso de identificarlos. Conviértalo en un tiempo de discusión. No se niegue a modelar o enseñar sus valores a su familia. Si usted no lo hace, otro lo hará.

Edifique su matrimonio

Finalmente, si usted es casado, lo mejor que puede hacer para fortalecer su familia es cultivar su relación matrimonial. Es, definitivamente, lo mejor que puede hacer por su esposa, pero también tiene un increíble impacto sobre sus hijos. Mi amigo Josh McDowell afirmó sabiamente: «Lo más grande que un padre puede hacer por sus hijos es amar a la madre de ellos». Y lo más grande que una madre puede hacer por sus hijos es amar al padre de ellos.

Un ingrediente que frecuentemente falta en muchos matrimonios es la dedicación para hacer que las cosas marchen. Los matrimonios pueden comenzar por amor, pero se mantienen por compromiso. El investigador de la sexualidad, Dr. Alfred Kinsey, que estudió seis mil matrimonios y tres mil casos de divorcio, reveló que «nada puede haber más importante en un matrimonio que la determinación de persistir. Con dicha determinación, los individuos se esfuerzan por ajustarse y aceptar situaciones que serían razones suficientes para la ruptura, si el continuar el matrimonio no fuera el objetivo principal». Si quiere ayudar a su esposo, a sus hijos y a usted mismo, comprométase a edificar y mantener un matrimonio firme.

Hay definitivamente una correlación entre el éxito familiar y el éxito personal.

El entrenador de la NBA, Pat Riley dijo: «Mantenga una vida familiar por un largo periodo de tiempo y podrá mantener el éxito por un largo periodo de tiempo. Lo primero es lo primero. Si su vida está en orden puede hacer lo que quiera». Hay definitivamente una correlación entre el éxito familiar y el éxito personal. El edificar una familia firme no solo pone los cimientos para el éxito futuro, sino que también otorga un sentido más profundo a la vida.

Creo que pocas personas han sido realmente exitosas sin una familia positiva, que los apoye. No importa cuán grandes sean los logros de una persona, creo que todavía les falta algo cuando trabajan sin el beneficio de sus parientes más íntimos. Es cierto, hay personas con vocación de solteros, pero son pocos. Para la mayoría de las personas, una buena familia le ayuda a conocer su propósito y a desarrollar su potencial y les ayuda a disfrutar del viaje con una intensidad que no es posible de otra manera. Cuando se llega al punto de sembrar semillas que beneficien a los demás, ¿quiénes podrían derivar de usted los mejores beneficios sino los miembros de su propia familia?

A veces nos tienen que dar una sacudida para darnos cuenta de la manera tan poco aceptable en la que hemos interactuado con los miembros de nuestra familia. Sé que esto le ocurrió a un amigo que conocí debido a mi participación en el movimiento de hombres cristianos «Cumplidores de Promesas». Me contó que un día, cuando su hija estaba en primero o segundo grado, se pidió a la clase que hiciera un dibujo de la familia. A ella le gustaba dibujar, así que emprendió la tarea con mucho gusto. Esa tarde, orgullosa, trajo el cuadro a casa y lo mostró a sus padres. Cuando mi amigo miró el dibujo, dijo:

—¿De qué trata el dibujo?

—Somos nosotros y nuestro hogar—respondió—. La maestra nos pidió hacer un dibujo de nuestra familia.

Él miró el dibujo detenidamente y vio que estaban todos, menos él.

—Querida, ¿dónde está papá en el dibujo?

—No está—dijo.

—¿Por qué no?

—Es un cuadro de nuestro hogar, y tú nunca estás aquí—explicó.

Fue como si le hubieran tirado un piano encima. Ella lo había dicho sencillamente como un hecho, sin malicia ni deseo de hacerlo sentir culpable. Ese fue el día que él decidió dar vuelta al autobús y regresara a buscar a su familia.

Si usted ha estado viajando por el camino del éxito pero no se ha preocupado de llevar consigo a su familia, es el momento de dar un viraje en U. Regrese y recoja a las personas que más le importan en la vida. Y comprométase a viajar únicamente en un viaje que los incluya a ellos. ¿Qué mayor gozo podría existir que un viaje del éxito en familia?

Pasos para dar en el camino: ¿Es un viaje familiar?

Para comenzar a fortalecer las relaciones familiares e incluir a su familia en su viaje del éxito, usted necesita empezar a dedicarles tiempo. Una manera de hacer esto inmediatamente es incluirlos en el proceso de trabajar en los siguientes ejercicios. Quizás se muestren renuentes al principio, especialmente si usted no les ha dedicado tiempo últimamente. Pero persevere. Su familia lo merece.

1. Cómo conocerse mejor unos a otros: Repase la información acerca de los cuatro tipos de personalidad y las siete inteligencias (Si quiere información más detallada, consiga los libros). Luego dedique tiempo con los miembros de su familia a la discusión de las características, y como grupo, escriba un perfil de cada persona usando el siguiente modelo:

Nombre:_____
Estilo de personalidad dominante:_____
Estilo de personalidad secundario (opcional): _____
Inteligencias (califique del 1 al 10, siendo el 10 el más alto):
- Inteligencia lingüística (palabras)   _____
- Inteligencia lógica-matemática (números
  y lógica):   _____
- Inteligencia espacial (cuadros e imágenes):   _____
- Inteligencia musical (ritmos y melodías):   _____
- Inteligencia cinestética-corporal (el ser físico):   _____
- Inteligencia interpersonal (otras personas):   _____
- Inteligencia intrapersonal (el ser interior).   _____

a) Pida a cada uno que comente sobre cualquier característica que le haya resultado soprendente.

b) Durante la próxima semana, haga el esfuerzo de felicitar a cada miembro de la familia basándose en la alguna información que descubrió en el proceso de hacer el perfil.

2. Cómo identificar los valores: Separe una noche en la que puedan identificar y comentar sobre los valores familiares. Comience por hacer una lista de todo lo que usted piensa que es importante para todos. Luego consolide la lista combinando algunas ideas y eliminando otras. Trate de reducir la lista a no más de siete. Y dedique tiempo para comentar los valores elegidos y cómo afectan a la familia.

3. Cómo dedicar tiempo a su cónyuge: Si es casado, haga por lo menos una cita nocturna al mes (algunas parejas lo hacen una vez por semana). Intercambien la oportunidad de hacer los planes y traten de incluir actividades que promuevan la comunicación y la interacción.

4. Cómo mejorar la comunicación: Pruebe esto como un experimento familiar. Pónganse de acuerdo para eliminar la televisión por un periodo de tiempo, por ejemplo, una semana, diez días o un mes. Luego use la mayor parte de ese tiempo adicional en hacer cosas juntos que permitan la comunicación: juegos de mesa, caminar, ayudar a los niños con las tareas, leer juntos, y contar cuentos.

5. Cómo ajustar su calendario: Siéntese y programe por lo menos una hora por semana con cada miembro de la familia para el mes siguiente. Trate de seleccionar actividades que tanto usted como su familia disfruten. Márquelo en su agenda como lo haría con cualquier compromiso de negocios. Luego respete la fecha.

Capítulo 9

¿A QUIÉN MÁS DEBO LLEVAR CONMIGO?

Cuando nuestra hija Elizabeth estaba en el último año de enseñanza secundaria, Margaret y yo decidimos llevarla (y al resto de la familia) a Hawai como regalo de graduación. Le hablamos de nuestro plan con varios meses de anticipación porque a Elizabeth no le agradan las sorpresas. Necesita tiempo para procesar sus decisiones y prepararse mentalmente para el cambio. También le dijimos que podía invitar a una de sus amigas para que la acompañase en el viaje.

Durante tres meses Elizabet agonizó pensando a quién llevar consigo. Elizabet era muy popular en la escuela superior. Era animadora del equipo deportivo y reina del inicio de clases. Tenía muchas amigas de donde escoger. Pero la parte realmente difícil era que no quería herir los sentimientos de ninguna de ellas. Ella sabía que no importa cómo tratara el asunto o a quién eligiera, dos o más de sus amigas más íntimas podrían sentirse ofendidas y olvidadas.

En un par de ocasiones Margaret y yo nos impacientamos y quisimos tomar la decisión por ella. Eso sencillamente refleja nuestras personalidades. Pero resistimos la tentación. Entendimos que nadie puede elegir el compañero de viaje de otro. Elizabeth finalmente hizo su decisión, y eligió a la muchacha que pensó sería más compatible con ella. Resultado: Ambas la pasaron de maravilla.

Quizás usted no haya reflexionado al respecto, pero tendrá que hacer decisiones similares al iniciar el viaje del éxito. Una de las preguntas que tendrá que hacerse es: «¿A quién puedo invitar?» Si usted tiene familia, de seguro la llevará consigo. Pero, ¿quién más? Usted podría preguntarse: «¿Por qué llevar a alguien más? Si puedo hace el viaje solo y aun puedo llevar a mi familia, no necesito a nadie más, ¿o sí?» Aunque puede iniciar el viaje sin otros, puedo decirle que no podrá alcanzar su máximo potencial e ir el nivel más alto si hace el viaje solo.

CÓMO VIVIR EN EL NIVEL MÁS ALTO

A través del tiempo he aprendido esta significativa lección: Las personas más cercanas a mí determinan mi nivel de éxito o fracaso. Mientras mejores son ellos, mejor soy yo. Si quiero alcanzar el nivel más alto, solo lo puedo hacer con la ayuda de otras personas. Tenemos ayudarnos unos a otros a subir.

Descubrí esta verdad hace unos diez años cuando estaba por cumplir cuarenta años. Ya me sentía muy exitoso. Era el líder de la iglesia más grande de mi denominación. Había publicado cinco libros. Era reconocido como una autoridad en el liderazgo, y estaba enseñando el tema en mis conferencias y por medio de cintas cada mes. Estaba cumpliendo el propósito para el cual había sido creado, creciendo diariamente mi potencial y sembrando semillas que beneficiaban a otros. Pero mi deseo era hacer un impacto aun mayor sobre los demás. Quería alcanzar un nivel completamente nuevo.

Mi problema era que había chocado con un muro. Estaba dirigiendo una gran organización que exigía mucho tiempo de mí. Tenía una familia. Estaba escribiendo libros, lecciones sobre liderazgo, y sermones continuamente. Y encima de esto, mi programa de viajes estaba lleno. No podía acomodar otra cosa en mi programa ni con un balde de grasa para ejes. Entonces hice un descubrimiento maravilloso. Los únicos lugares donde mi influencia y productividad estaban creciendo eran donde había identificado y desarrollado líderes potenciales.

Mi intención al desarrollar líderes era ayudarles a mejorar, pero descubrí que yo también me beneficiaba. Pasar el tiempo con ellos había sido como invertir dinero. Habían crecido, y al mismo tiempo yo había cosechado increíbles dividendos. Allí fue cuando entendí que si quería alcanzar el próximo nivel, tendría que extenderme por medio de otros. Debía encontrar líderes y derramar mi vida en ellos, dando lo mejor de mí para llevarlos a un nuevo nivel. Y según ellos fueran mejorando, yo lo haría también.

LA GENTE QUE LE RODEA DETERMINA SU ÉXITO

Ese proceso cambió mi vida. He ido más lejos en el viaje del éxito —y a un nivel superior— de lo que había soñado. La gente que me rodea merece gran parte del crédito por mi éxito:

- *Margaret Maxwell*: Todo comienza con ella. Casarme con Margaret ha sido lo más inteligente que he hecho. Cualquier éxito que haya tenido, personal y profesional, se lo debo a ella.
- *Dick Peterson*: Es mi socio y amigo. Comenzamos INJOY en su garaje en 1985, y hemos estado en un viaje increíble

desde entonces. Ahora como presidente de INJOY, supervisa cada aspecto del negocio con sabiduría y buen sentido.

- *Dave Sutherland*: Un ex ejecutivo de mercadeo de IBM, que ha estado conmigo solo dos años, pero ya está haciendo un impacto increíble. Dave es presidente de los Servicios Administrativos INJOY, la empresa del grupo INJOY de más rápido crecimiento, y es uno de los líderes más tenaces que he conocido.

- *Dan Reiland*: Ha estado conmigo quince años, primero como mi pastor ejecutivo, y ahora como vicepresidente de INJOY. Dan ha llevado una tremenda carga por mí. Y es uno de los mejores desarrolladores de personas que he conocido.

- *Stan Tolre*: Lo conozco hace más de treinta años. Stan fue el primer miembro del personal que contraté, y estoy agradecido de tenerlo a mi lado respaldándome como vicepresidente de INJOY. Es una de las personas más increíbles que conozco

- *Linda Eggers*: Mi increíble asistente personal, ha trabajado conmigo durante ocho años. Nadie hace más por mí que Linda. Ella mantiene en orden una vida que, a la verdad, debería ser un caos completo.

Entre otras de las enegéticas personas que me ayudan en INJOY se encuentran: Connie Wood, gerente del departamento de servicio al cliente; Steve Throckmorton, gerente de los sistemas de información y desarrollo de software; Dennis Worden, director de mercadeo; Dave Johnson, director de finanzas; Kevin Small, gerente de seminarios; y Charlie Wetzel, mi escritor. Puedo hacer más cosas, enseñar más seminarios, escribir más libros y tocar muchas más vidas gracias a ellos. Casi no hay límites a lo que puedo lograr debido a la gente maravillosa que me rodea.

CÓMO ENCONTRAR LA GENTE CORRECTA PARA EL VIAJE

Reunir gente excepcional para que viaje con usted no es algo que ocurre por accidente. Es cierto que mientras más grande sea su sueño, más grande será la gente que será atraída hacia usted. Pero esto solo no es suficiente. Usted necesita saber lo que debe buscar para encontrar la mejor gente posible. Y necesita comenzar por asegurarse que serán compatibles con usted, como hizo Elizabeth con su amiga antes de salir hacia Hawai.

Aun antes de comenzar a mirar las cualidades que hacen de una persona un candidato para ir en el viaje con usted, necesita hacerse algunas preguntas sobre esa persona. La primera es: «¿Esa persona quiere ir?» Esa fue una lección que me costó aprender, porque al principio yo quería llevar a todos conmigo. Soy un tipo sociable, sanguíneo, y quiero ser exitoso. Suponía que todos querían lo mismo que yo: tener éxito y luchar por alcanzar su máximo potencial. Pero no es así. Mucha gente no quiere crecer. Su meta es hallar un lugar cómodo donde puedan vegetar por el resto de su vida.

Además, puede ser que una persona no quiera ir en el viaje con usted por otras razones. Por ejemplo, quizás quiera crecer tanto como usted, pero su interés no coincide con el suyo. Como resultado, no hay compatibilidad. Margaret realmente me ayudó a aprender esta lección, y ahora trato de reclutar solo las personas que están interesadas en ir conmigo.

La segunda pregunta que necesita hacer es: «¿Es esta persona *capaz* para ir?» Debe haber coincidencia entre el viaje que usted quiere hacer y lo dones y talentos de la persona. Por ejemplo, digamos que su sueño es ser cantante *country* profesional. Y quiere tener una buena situación económica para ayudar a jóvenes necesitados. La gente que querrá llevar con usted en el viaje probablemente tendrá talentos musicales, habilidades comerciales o experiencia para ministrar a jóvenes necesitados. El que no tenga talentos en esas áreas probablemente no tenga compatibilidad con usted y su sueño.

La tercera pregunta que se debe hacer es: «¿Puede esta persona hacer el viaje sin mí?» Usted puede mirar a algunas personas y saber que tienen todo lo necesario para hacer su viaje del éxito por sí mismos. No necesitarán su ayuda. En realidad, es posible que estén en condiciones para llevar a otros en el viaje con *ellos*, al igual que usted lo hará. En ese caso, hágase amigo de ellos y trate de mantenerse en contacto con ellos. Aunque no hagan el viaje juntos, quizás puedan ayudarse mutuamente en el camino como colegas.

Una vez ha resuelto estos asuntos, usted está listo para buscar a las personas a las que ayudará a alcanzar su potencial y que también le ayudarán a alcanzar el suyo. Eso significa encontrar líderes potenciales. Todo gira en torno al liderazgo.

A lo largo de los años, he reducido lo que busco en un líder potencial a solo diez cosas, y quiero compartirlas con usted. A continuación aparecen en orden de importancia. La gente que quiero llevar en mi viaje del éxito...

1. Hace que las cosas sucedan

El filántropo millonario, Andrew Carnegie dijo: «A medida que me pongo más viejo, presto menos atención a lo que los hombres dicen. Solo miro lo que hacen». Encuentro que este es un excelente consejo. Al observar lo que la gente hace, he descubierto que los que quiero conmigo son personas que hagan que sucedan las cosas. Estas personas descubren recursos en lugares que usted pensaba eran estériles. Encuentran prospectos donde usted creía que no existían. Crean oportunidades donde usted pensaba que no había. Toman algo promedio y lo hacen excepcional. Nunca buscan excusan; siempre encuentran una manera de hacer que las cosas sucedan.

Hace unos veinte años vi un párrafo en una revista y lo recorté porque es un gran ejemplo de cómo alguien con un gran potencial realmente sabe hacer que las cosas sucedan. Se titulaba:

"Benda no escriva». Hablaba de un vendedor que había sido contratado recientemente y que escribió su primer informe de ventas a la oficina matriz luego de haber trabajado su territorio por una semana. Al gerente de ventas casi le dio un ataque al darse cuenta que había contratado como vendedor a un analfabeto. Esto era lo que decía el informe: «Bine y bicité a este grupo que nunca nos havia comprao nada hantes y les zaqué un guena orden. Aora boy pa Nueba Yor».

El gerente entró en pánico. Pero antes de llamar al vendedor para despedirlo, recibió un segundo informe. Decía: «E estao aquí dos dia y bendí medio miyón».

En este punto el gerente estaba realmente confundido. No podía conservar un vendedor analfabeta, pero no podía despedir al vendedor que había superado las ventas de todo el equipo de ventas. Entonces hizo lo que todo gerente promedio hace: Puso el problema en manos del presidente de la empresa.

Al día siguiente todos los del departamento de ventas se sorprendieron al ver las dos cartas del vendedor en el tablero de anuncios junto al siguiente memo del presidente: «Emos estao despeldiciando demaciao tiempo tratando de escribil bien en bez de tratar de bendel. Todos debemos tratar de desplegar nuestras velas. Lean las dos caltas de nueztro bendedor estreya. Esta asiendo un güen travajo y toitos ustedes deberian ir y aser lo mesmo».

Aun en las peores circunstancias, o con las mayores incapacidades, la persona con potencial hace que las cosas sucedan. El Dr. George W. Crane comentó: «Ningún trabajo tiene futuro. El futuro está en la persona que tiene el trabajo». Si quiere llegar lejos en el viaje del éxito, asóciese con otros que sepan hacer que las cosas sucedan.

2. Va y aprovecha las oportunidades

Muchas personas son capaces de ver las oportunidades cuando ya han pasado. Pero ver las oportunidades venir, es un asunto muy distinto. Las oportunidades raras veces traen etiqueta. Por eso tiene que aprender a reconocerlas y cómo aprovecharlas.

Las mejores personas para llevar con usted en el viaje no se sientan en un sillón y esperan que las oportunidades lleguen. Asumen la responsabilidad de salir a su encuentro. Es como las dos maneras de esperar en el aeropuerto a alguien que no conoce. Una manera es hacer un letrero con el nombre de la persona que está esperando, pararse cerca de la zona del equipaje, mantener el letrero en alto y esperar que la persona lo encuentre. Si lo ve, excelente. Pero si no lo ve, usted sigue esperando. La otra manera es averiguar cómo es la persona, buscar un lugar estratégico cerca de la puerta de llegada, y buscarlo hasta que lo encuentre. Hay un mundo de diferencia entre los dos enfoques.

Ellen Metcalf dijo: «Me gustaría enmendar la idea de estar en el lugar correcto en el momento oportuno. Hay mucha gente que estaba en el lugar correcto pero no se dieron cuenta. Tiene que reconocer cuando el lugar y el tiempo oportuno se reúnen y aprovechar la ventaja de esa oportunidad. Hay muchas oportunidades allá afuera. No puede sentarse y esperar». Los buenos líderes potenciales lo saben y tampoco se apoyan en la suerte. Según Walter P. Chrysler, fundador de la corporación automotriz que lleva su nombre: «La razón por la que tantas personas nunca llegan a ninguna parte en la vida es porque cuando llama la oportunidad, ellos se encuentran en el patio buscando tréboles de cuatro hojas».

Pregúntese: De la gente que le rodea, ¿quién parece capaz de siempre reconocer las oportunidades y aprovecharlas? Las personas con esas cualidades son las que probablemente usted querrá llevar en su viaje del éxito.

3. Influye sobre otros

Antes mencioné que todo gira en torno al liderazgo. Esto es cierto porque la habilidad de una persona para hacer que las cosas sucedan en y a través de otros depende enteramente de su habilidad para guiarlos. Sin liderazgo, no hay trabajo de equipo, y la gente se va por su propio camino.

Si su sueño es grande y requiere del trabajo en equipo de un grupo de personas, entonces todos los líderes potenciales que usted seleccione para ir con usted en el viaje necesitarán ser personas de influencia. Después de todo, eso es liderazgo: influencia. Cuando usted piensa sobre esto, todos los líderes tienen dos cosas en común: Van en alguna dirección, y son capaces de convencer a otros que lo acompañen.

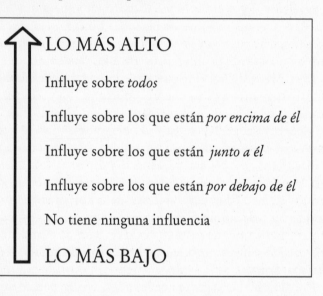

LO MÁS ALTO

Influye sobre *todos*

Influye sobre los que están *por encima de él*

Influye sobre los que están *junto a él*

Influye sobre los que están *por debajo de él*

No tiene ninguna influencia

LO MÁS BAJO

Cuando observe la gente a su alrededor, considere lo siguiente:

- *¿Quién influye sobre ellos?* Usted puede decir mucho acerca de *quiénes* ellos influirán y *cómo* lo harán si sabe quiénes son sus héroes y mentores.
- *¿Sobre quiénes influyen?* Usted podrá juzgar su nivel actual de efectividad en el liderazgo si sabe sobre quiénes influyen.
- *¿Está su influencia aumentando o disminuyendo?* Puede saber si una persona es un líder *pasado* o un líder *potencial* al

examinar en que dirección va el nivel de influencia de esta persona.

Para ser un buen juez de líderes potenciales, no mire solo a la persona, mire a aquellos sobre los cuales influye. Mientras mayor la influencia, mayor es el potencial de liderazgo y la capacidad de lograr que otros trabajen con usted para cumplir su sueño.

4. Agrega valor

Toda persona que le rodea ejerce algún efecto sobre usted y sobre su capacidad de cumplir su visión. Probablemente ha notado esto antes. Algunas personas parecen causarle dificultades, y siempre toman de usted más de lo que dan a cambio. Otros le agregan valor, al mejorar todo lo que usted hace. Cuando se unen a su equipo, se desarrolla una sinergia que los lleva a ambos a un nuevo nivel.

Muchas personas maravillosas me han agregado valor a lo largo de los años, comenzando con las personas que mencioné al principio de este capítulo. Muchos de ellos han puesto como la meta principal de su vida el ayudarme. Complementan mi debilidad y estimulan fortalezas. La presencia de ellos a mi lado realmente expande mi visión en el viaje. Solo, quizás hubiera logrado algún éxito. Pero ellos verdaderamente me han hecho mucho mejor de lo que hubiera sido sin ellos. Y en respuesta, siempre les he dado lo mejor de mí, he confiado en ellos incondicionalmente, les he dado oportunidades para hacer la diferencia, y he agregado valor a sus vidas.

Probablemente hay personas en su vida con las cuales usted experimenta este tipo de sinergia. Usted inspira y se llevan uno al otro a niveles más elevados. ¿Puede pensar en alguien mejor para llevar en el viaje del éxito? Ellos no solo le ayudarán a llegar lejos, sino que harán el viaje más ameno.

5. Atrae a otros líderes

Mientras busca líderes potenciales para llevar con usted en el viaje del éxito, necesita darse cuenta que realmente hay dos clases de líderes: los que atraen seguidores y los que atraen otros líderes. La gente que solo atrae y forma un equipo de seguidores nunca podrá hacer nada que esté más allá de lo que pueda tocar o supervisar en forma personal. Por cada persona con la que interactúan, solo influyen sobre una persona: un seguidor. Pero la persona que atrae líderes influye sobre muchas otras personas por medio de su interacción. El equipo de estos últimos puede ser increíble, especialmente si los líderes que reclutan atraen también a otros líderes.

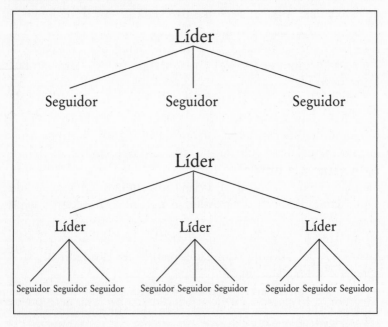

Aparte del factor obvio de la influencia, hay otras diferencias significativas entre la persona que atrae seguidores y la persona que atrae líderes. Estas son algunas:

Los líderes que atraen seguidores...	Los líderes que atraen líderes...
Necesitan ser necesitados.	Quieren ser sucedidos.
Necesitan reconocimiento.	Quieren reproducirse.
Se enfocan en las debilidades de los demás.	Se enfocan en las fortalezas de los demás.
Quieren tener todo el poder.	Quieren compartir el poder.
Gastan su tiempo con los demás.	Invierten tiempo en los demás.
Son buenos líderes.	Son excelentes líderes.
Alcanzan algún éxito.	Alcanzan un éxito increíble.

Cuando usted considere a la gente que le acompañará en su viaje, busque líderes que atraigan otros líderes. Ellos serán capaces de multiplicar su éxito. Pero además, sepa esto: A la larga, usted solo puede dirigir a personas cuya capacidad como líderes es inferior o igual a la suya. Para continuar atrayendo líderes cada vez mejores, usted tendrá que seguir desarrollando su capacidad de liderazgo. De esa manera usted y su equipo seguirán creciendo no solo en potencial, sino también en efectividad.

6. Equipa a otros

Una cosa es atraer a otras personas y lograr que se le unan en el viaje del éxito. Otra cosa es equiparlos para el viaje. Las mejores personas siempre dan a los demás más que una invitación: ofrecen los medios para llegar. (Tocaré con mayor profundidad este tema en el próximo capítulo).

Piense en esto mientras busca líderes potenciales: Una persona con solo carisma puede atraer a otros hacia sí, pero puede no ser capaz de lograr que vayan en el viaje del éxito. Sin embargo, un líder que equipa a otros puede habilitar un ejército de personas capaces de ir a cualquier parte y lograrlo casi todo. Como dijo Harvey Firestone: «Solamente cuando desarrollamos a otros tenemos un éxito permanente».

7. Suministra ideas inspiradoras

Victor Hugo, el autor y dramaturgo del siglo diecinueve dijo: «No hay nada que sea más poderoso que una idea cuyo tiempo ha llegado». Las ideas son el recurso más grande que una persona exitosa puede tener. Y cuando usted se rodea con gente creativa, nunca le harán falta ideas inspiradoras.

Si usted y las personas alrededor suyo generan continuamente buenas ideas, todos tienen una mejor oportunidad para alcanzar su potencial. Según Art Cornwell, autor de *Freeing the Corporate Mind: How to Spur Innovation in Business* [Liberación de la mente corporativa: Cómo estimular la innovación en los negocios], el pensamiento creativo es lo que genera las ideas. Y mientras mejor entiende cómo generar ideas, mejor será. Él sugiere:

- Las únicas malas ideas son las que mueren sin generar otras ideas.
- Si quiere buenas ideas, necesita muchas ideas.
- No importa si no prosperan. Probablemente necesiten ajuste.
- Las grandes ideas son solo la reestructuración de lo que usted ya sabe.
- Cuando se suman todas sus ideas, el resultado debe representar su progreso.

Usted es capaz de generar buenas ideas, probablemente mejores que las que cree. Pero nunca puede llegar a tener exceso de ideas. Eso sería como trabaja en un proyecto y decir que tiene un presupuesto muy grande o demasiados recursos. Es por esto que le haría bien rodearse de personas que le inspiren con sus ideas. Y cuando encuentra a alguien con quien tiene una química natural compatible —del tipo que inspira a cada uno a la grandeza— descubrirá que tiene más ideas que tiempo para llevarlas a cabo.

8. *Posee actitudes positivas fuera de lo común*

Usted ya sabe lo importante que es una buena actitud para su éxito. Determina hasta dónde podrá llegar en el viaje. Pero no subestime la importancia de una actitud positiva en la gente que lo rodea. Cuando viaja con otros, puede ir apenas a la velocidad de la persona más lenta y tan lejos como el más débil puede viajar. Tener a su alrededor gente con actitudes negativas es como correr con una cadena atada al tobillo y unida a una bola de hierro. Podrá correr por un rato, pero se va a cansar pronto, y por cierto no podrá ir tan lejos como le gustaría.

9. *Vive de acuerdo a sus compromisos*

Se ha dicho que la dedicación es otro nombre para el éxito. Y es verdad. El periodista Walter Cronkite dijo: «No puedo imaginar una persona convertirse en exitosa sin dar a este juego de la vida todo cuando tiene».

La dedicación lleva a una persona a un nivel enteramente nuevo cuando del éxito se trata. Mire las ventajas de la dedicación según las describe el orador de motivación Joe Griffith:

No puedes impedir que una persona dedicada llegue al éxito. Ponle piedras de tropiezo en el camino, y él las tomará por escalones y sobre ellas subirá a las alturas. Quítale su dinero, y hará que el obstáculo de la pobreza le exija subir. La persona de éxito tiene un programa; fija su curso y se apega a él; establece sus planes y los ejecuta; va directo a su meta. No se desvía a izquierda ni a derecha cada vez que una dificultad aparece en su camino. Si no puede pasar sobre ella, pasa a través de ella.

Cuando la gente de su equipo comparte su nivel de dedicación, el éxito es inevitable. La dedicación le ayuda a vencer los obstáculos y continuar avanzando en el viaje del éxito no importa cuán difícil se ponga. Es la clave del éxito en todo aspecto de la vida: en el matrimonio, en los negocios, en el desarrollo personal, en los pasatiempos, en los deportes, en lo que usted quiera mencionar. La dedicación puede llevarle bien lejos.

10. Es leal

La lealtad es la última cualidad que debe buscar en la persona que emprenda con usted el viaje del éxito. Aunque esto solo no asegura el éxito para la otra persona, la falta de lealtad con toda seguridad arruinará la relación entre ambos. Piénselo de esta manera: Cuando usted busque líderes potenciales, si uno a quien está considerando carece de lealtad, queda descalificado. No piense en llevarlo consigo en el viaje, porque le perjudicará en vez de ayudarle.

Entonces, ¿qué significa que otros le sean leales?

- *Le aman incondicionalmente*. Lo aceptan con sus debilidades y fortalezas. Se preocupan genuinamente por usted, no solo por lo que puede hacer por ellos. Tampoco tratan de convertirlo en lo que no es, ni de ponerlo en un pedestal.
- *Lo representan bien ante los demás*. La persona leal siempre pinta un cuadro positivo de su persona ante los demás. Puede confrontarlo en privado o hacerlo responsable de algo, pero nunca lo critica delante de otros.
- *Puede reír y llorar con usted durante el viaje que han emprendido juntos*. La persona leal esta dispuesta a compartir sus alegrías y pesares. Hace que el viaje se sienta menos solitario.
- *Su sueño es el de ellos*. Es indudable que algunas personas participarán de su viaje solo brevemente. Se ayudan mutuamente por un tiempo y luego siguen por caminos separados. Pero pocos —muy pocos— querrán seguir a su lado y ayudarle por el resto del viaje. Estas personas hacen que su sueño sea el de ellos. Serán fieles hasta la muerte, y cuando a su lealtad suman sus talentos y habilidades, pueden ser su capital más valioso. Si encuentra este tipo de persona, cuídelo mucho.

Lo curioso de la lealtad es que mientras más lejos usted va en el viaje del éxito, más se depende de ella. Hace unos quince años, mi amigo Tom Phillippe me dijo que llegaría el momento cuando la lealtad de las personas se convertiría en imprescindible para mí. Me dijo: «John, a medida que tengas más éxito, te preguntarás: "¿En quién puedo confiar?"» En aquel tiempo el pensamiento me pareció demasiado irónico y así se lo hice saber. Mi tendencia ha sido siempre confiar en las personas y esperar lo mejor de ellas. Y todavía lo hago así. Pero la advertencia de Tom ha sido en parte cierta. He comprendido que la lealtad es una cualidad que debo buscar y valorar en las personas que me rodean. Al emprender el viaje del éxito probablemente usted haga lo mismo.

He sido muy afortunado mientras he viajado hacia el éxito. No solo he tenido gente maravillosa que me ha acompañado y va en el viaje conmigo, sino que he tenido a otros que me han llevado con ellos cuando no he podido hacerlo por mi cuenta. Una persona que hizo esto es mi hermano Larry, una de mis personas favoritas en todo el mundo. Es dos años y medio mayor que yo, y mientras crecía, siempre quería ir con él a todas partes. En especial me gustaba jugar fútbol, béisbol y baloncesto con él y sus amigos. Larry siempre era el capitán del equipo porque era un buen deportista y líder. Era realmente importante para mí que me escogiera para su equipo antes de convertirme en el «chico sobrante», a pesar de ser el más pequeño y joven de todos. Larry hizo por mí ese tipo de cosas mientras crecía. Pero también me incluyó cuando nos hicimos mayores y eso significó aun más para mí.

Cuando Margaret y yo estábamos comenzando nuestra vida familiar, no teníamos mucho dinero. En mi primer trabajo a tiempo completo después de casarnos ganaba ochenta dólares al mes. Para contribuir, Margaret enseñó en una escuela, limpió casas y trabajó los fines de semana en una joyería. No teníamos mucho, pero nos alcanzaba (justo) para pagar nuestras cuentas y mantener funcionado nuestro Volkswagen.

Vivimos de esa manera los primeros tres años de casados, y

por mucho que me hubiera gustado llevar a Margaret de vacaciones todos los años, no era posible. Quitábamos de aquí y de allá para cuadrar bien nuestros gastos. Ahorrar para un viaje era imposible.

Pero a pesar de esto, pudimos tomar vacaciones cada uno de esos tres años, gracias a Larry. Todavía recuerdo cuando nos llamó. Fue el año 1970.

—John, ¿qué van a hacer Margaret y tú durante las vacaciones este año?—preguntó.

—Bueno—respondí—, vamos a quedarnos por aquí. Tenemos que hacer algunas cosas en la casa. Quizás vayamos a Circleville a ver a mamá y papá.

—Eso pensé—dijo Larry—. Anita y yo vamos ir a Acapulco por una semana y hemos hecho cuatro reservaciones. Queremos que tú y Margaret nos acompañen.

A Larry le iba bien económicamente. Siempre tuvo una habilidad especial para los negocios, y cuando se graduó de la universidad ya iba bien encaminado hacia su independencia económica como resultado de algunas hábiles compras en bienes raíces.

—No aceptamos un no como respuesta—dijo.

Margaret y yo no tuvimos problemas para aceptar su oferta. Los queríamos mucho, y estábamos agradecidos que quisieran compartir con nosotros sus vacaciones. Nuestro viaje a Acapulco fue increíble, mejor de lo imaginado. Estuvimos en un hotel de primera clase con vista al océano. El hotel contaba con cinco piscinas. El paisaje era exuberante. La comida fabulosa. Todo nos parecía exótico. Margaret y yo todavía pensamos que aquella fue una de nuestras mejores vacaciones.

Afortunadamente ya no dependo de la generosidad de Larry, pero él y yo seguimos haciendo cosas juntos. Nos hemos propuesto asistir juntos a eventos deportivos, tales como el Super Tasón, Wimbledon, la Serie Mundial y los mejores partidos del campeonato de fútbol americano. También nos hemos prometido jugar golf en la diez principales canchas del mundo. Hasta ahora ya hemos cumplido la mitad de nuestro compromiso.

Larry y yo somos hermanos, pero esa no es la razón por la

que hacemos cosas juntos. Hemos tomado juntos el viaje del éxito porque queremos hacerlo, y decidimos que es importante para nosotros. Eso es lo que usted también necesita. Necesita decidir a quien va a llevar consigo en el viaje del éxito. Si se compromete a llevar a otros, no creerá la diferencia que ello producirá en su vida, y en la de ellos.

PASOS PARA DAR EN EL CAMINO:
¿A quién más debo llevar conmigo?

Use la siguiente lista de cualidades para identificar a la persona que usted quiere reclutar para que haga con usted el viaje del éxito. Escriba los nombres de diversas personas que conozca y que ejemplifiquen cada característica:

1. Hace que las cosas sucedan _____
2. Ve y aprovecha las oportunidades _____
3. Influye sobre otros_____
4. Agrega valor _____
5. Atrae a otros líderes _____
6. Equipa a otros _____
7. Suminista ideas inspiradoras_____
8. Posee actitudes positivas fuera de lo común _____
9. Vive de acuerdo a sus compromisos_____
10. Es leal _____

Ahora examine sus respuestas y vea qué nombres se han repetido más. Tome los tres principales. Estos son los mejores candidatos para emprender el viaje del éxito con usted. Escriba sus nombres debajo, junto a los nombres de su familia inmediata.

Personas que llevaré en mi viaje del éxito:

1 _____
2 _____
3 _____

4 _____

5 _____

6 _____

7 _____

8 _____

9 _____

10 _____

¿QUÉ DEBEMOS HACER EN EL CAMINO?

¿Alguna vez ha leído un libro que haya cambiado su vida, revolucionado sus pensamientos, y alterado su estilo de vida de una forma significativa? Yo sí. En realidad, ha habido varios. Pero el que más ha impactado mi mente es un libro que leí el año 1970, del Dr. Elmer Towns, llamado *The Ten Fastest Growing Sunday Schools in America* [Las diez escuelas dominicales de mayor crecimiento en América]. Fue escrito para gente en mi profesión, y dio energía a mis sueños y me inspiró para que me dedicara a mejorar. Y realmente me impulsó en la dirección que mi vida iba a tomar. Poco sabía entonces que mi viaje y destino se uniría con Elmer Towns, el autor del libro.

En 1975, supe de una conferencia en Waterloo, Iowa donde Elmer iba a ser el orador, y salté de gusto ante la oportunidad de ir. Durante los recesos traté varias veces de conversar con él, para contarle sobre la increíble influencia que había tenido en mi vida, pero cada vez que lo intenté había una multitud de personas a su alrededor, y sencillamente no me podía acercar.

Cuando se terminó la conferencia, fui a comer a un restaurante Howard Johnson; acababa de sentarme cuando entró nada más y nada menos que Elmer Towns. Me presenté cuando llegó cerca y me dijo: «Venga, siéntese con nosotros para conocernos un poco más».

Así que allí estaba yo, sentado a la mesa con uno de mis héroes. Casi no podía probar bocado; estaba tan emocionado que parecía que no iba a poder tragar. Y a la verdad que me emocioné cuando me sugirió que cambiara la hora de mi viaje para volar juntos a Chicago y seguir nuestra conversación. Nos conocimos un poco más ese día, y fue una experiencia maravillosa.

Un año después mientras me preparaba para ser el anfitrión de mi primera conferencia, decidí que quería tener a Elmer como uno de los oradores. Entonces lo llamé y lo invité, y para alegría mía, dijo que sí. No solo vino y habló en la conferencia, sino que pasó tiempo conmigo, moldeó una visión para mi vida, me estimuló a crecer, y compartió conmigo sus ideas y sabiduría.

A lo largo de los años, Elmer ha ejercido una influencia increíble sobre mí. Ha sido mi mentor y amigo, y me ha inspirado a ser un buen líder. Hace algunos meses, tuve la ocasión de honrarle públicamente ante un millar de personas en el banquete de clausura de una de mis conferencias. En dicha ocasión le dí un regalo.

Elmer y yo coleccionamos autógrafos de grande líderes. Tengo cartas firmadas de una docena de presidentes y de personalidades eclesiásticas, tales como mi héroe: John Wesley. Mi esposa Margaret, los envia a enmarcar en forma hermosa y los pone en exhibición. No hace mucho encontré y compré el bosquejo de un sermón escrito por el predicador del siglo diecinueve, C. H. Spurgeon. Fue un hallazgo realmente notable. El sermón usaba como base un texto bíblico que dice: « ... que avives la llama del don de Dios que recibiste ...». Es un pasaje escrito por el apóstol Pablo a su protegido, Timoteo, estimulándole a usar sus dones y seguir su destino.

Tuve el manuscrito de Spurgeon por unos pocos meses cuando me di cuenta que quería regalárselo a Elmer en el banquete. Margaret me preguntó más de una vez: «¿Estás seguro, John? Quizás nunca encuentres otro Spurgeon». Pero yo sabía que era lo correcto. Quería honrar a Elmer y darle un presente por todo lo que había hecho, y no podía pensar en algo mejor que darle. A Elmer le encanta Spurgeon, y el texto de Pablo a Timoteo describía perfectamente lo que Elmer había hecho por mí. Me había estimulado a avivar el don que Dios me había dado. Así que en el banquete, fue realmente emotivo decir a todas esas personas las cosas maravillosas que Elmer había hecho al asesorarme a lo largo de los años y agradecerle con ese obsequio.

He tratado de transmitir a otros lo que Elmer hizo conmigo. Ya he pasado buena parte de mi vida enseñando y aconsejando a otros en las áreas de liderazgo, crecimiento personal y espiritual, y en el éxito. El resto de mi tiempo lo he dedicado a seguir haciendo lo mismo. Así que la respuesta al título de este capítulo —¿qué debemos hacer en el camino?— es esta: «Lleve a alguien con usted. No es suficiente que acabe la carrera. Para ser realmente exitoso, es necesario que alguien cruce la línea de meta con usted. Henry Ford sostuvo que "la mayoría piensa (del éxito) en función de recibir. El éxito, sin embargo, comienza con dar"».

POR QUÉ MUCHOS NO LLEVAN A NADIE

Cuando inician el viaje, la mayoría de las personas que quieren el éxito se enfocan enteramente a sí mismos y no en los demás. Generalmente piensan en términos de lo que pueden obtener en posición, poder, prestigio, dinero y cosas semejantes. Pero ese no es el camino para llegar a ser exitoso. Para lograrlo, usted tiene que darle a otros. Como dijo Douglas M. Lawson:

«Existimos temporalmente a través de lo que recibimos, pero vivimos eternamente a través de lo que damos».

Por esto es esencial enfocarse en ayudar a otros a levantarse a un nivel más alto. Y podemos hacer eso con personas de cualquier ámbito en nuestra vida: en el trabajo, en el hogar, en la iglesia, en el club. Esto fue lo que evidentemente hizo el representante por Texas, Wright Patman según una historia narrada por el senador Paul Simon. El contó que Patman había muerto a los 82 años mientras servía en la Cámara de Representantes de los Estados Unidos. En su funeral, a una mujer anciana que vivió en su distrito se le oyó decir: «Se levantó muy alto, pero nos llevó a todos nosotros con él».

Si ser el mentor de otros tiene una recompensa tan grande, ¿por qué no todos lo hacen? Una razón es que requiere trabajo. Pero también hay muchas otras. A continuación algunas de las más comunes:

Inseguridad

Virginia Arcastle comentó: «Cuando se hace que la gente se sienta segura, importante y apreciada, ya no será necesario que ellos rebajen a otros para, al compararse, verse más grandes». Esto es lo la gente insegura tiende a hacer: parecer mejores a expensas de otros.

> **Levantar a otros es el gozo de la persona exitosa.**

Por otra parte, las personas verdaderamente exitosas levantan a los demás. No se sienten amenazadas cuando otros tienen más éxito y avanzan a un nivel más elevado. Crecen y prosperan por su potencial; no se preocupan si otros toman su lugar. No son como el ejecutivo que escribió un memo al director de personal diciéndole: «Busca en la organización a un joven despierto y agresivo que pueda ocupar mis zapatos, y cuando lo hayas encontrado, despídelo». Levantar a otros es el gozo de la persona exitosa.

El ego

Algunas personas tienen el ego tan grande que sienten que tienen que ser la novia en la boda o el cadáver en el funeral. Piensan que los demás existen solo para servirles a ellos de una u otra manera. Adolfo Hitler era así. Según Robert Waite, cuando Hitler estaba buscando un chofer, entrevistó a treinta candidatos para el cargo. Seleccionó al de más baja estatura del grupo y lo retuvo como conductor personal por el resto de su vida, aun cuando el hombre necesitaba bloques especiales debajo del asiento para alcanzar a ver por encima del volante. Hitler usó a los demás para parecer más alto y mejor de lo que realmente era. Una persona llena de sí nunca considera dedicar tiempo para levantar a otros.

Incapacidad para discernir las «semillas de éxito» en una persona

Creo que cada persona tiene dentro semillas de éxito. Demasiada gente no las encuentran dentro de sí —y mucho menos en otros— y como resultado, no alcanzan su potencial. Pero muchos otros sí las encuentran, y la posibilidad es que usted sea una de esas personas. Lo mejor de todo es que una vez puede hallarlas en usted mismo, estará en mejores condiciones de encontrarlas en los demás. Cuando lo hace, ambos se benefician, pues tanto usted y la persona a la que ayude, podrán cumplir el propósito para el cual cada uno nació.

La capacidad de descubrir las semillas del éxito en otro requiere compromiso, diligencia y un deseo genuino de enfocarse en los demás. Tiene que mirar los dones de la persona, su temperamento, sus pasiones, éxitos, alegrías y oportunidades. Y una vez que descubre la semilla, necesita fertilizarla con estímulo y regarla con oportunidad. Si lo hace, esa persona florecerá delante de sus ojos.

Un concepto erróneo del éxito

La persona promedio no sabe lo que usted conoce acerca del éxito, esto es: conocer su propósito, crecer para alcanzar su máximo potencial y sembrar semillas que beneficien a otros. Él o ella lucha por llegar a un destino o adquirir más posesiones que el vecino. Pero usted sabe que el éxito es un viaje, y que lo más que puede esperar es hacer lo mejor con lo que ha obtenido.

Fred Smith dijo: «Algunos de nosotros tendemos a pensar: *Pude haber tenido éxito, pero nunca tuve la oportunidad. No nací en la familia adecuada, ni tuve dinero para ir a las mejores escuelas.* Pero cuando medimos el éxito por la medida en la que hemos usado lo que hemos recibido, se elimina la frustración». Uno de los aspectos vitales de cómo usamos lo que hemos recibido está en el área de ayudar a otros. Como observó Cullen Hightower: «Una verdadera medida de tu dignidad incluye todos los beneficios que otros han obtenido con tu éxito».

Falta de entrenamiento

La última razón por la que mucha gente no levanta a otros a su alrededor es porque no saben hacerlo. Equipar a otros no es algo que la mayoría de la gente aprende en la escuela. Aun cuando si usted fue a la universidad para convertirse en profesor, posiblemente fue entrenado para diseminar información a un grupo, no para ir junto a una persona, impactar su vida y levantarla a un nivel más alto.

LO QUE NECESITA SABER AL EMPEZAR

Elevar a una persona a un nivel superior y ayudarle a tener éxito involucra más que dar información o habilidades. Si fuera así, cada nuevo empleado sería exitoso en cuanto entendiera la manera de hacer su trabajo; cada niño tendría éxito al aprender algo nuevo en el colegio. Pero el éxito no sigue automáticamente al conocimiento. El proceso es complicado porque usted trabaja con personas. Sin embargo, el entendimiento de algunos conceptos básicos le abre la puerta a su capacidad de desarrollar a otros. Por ejemplo, recuerde que:

- *Todo el mundo quiere sentir que vale*. Donald Laird dijo: «Siempre ayuda a las personas el aumentar su autoestima. Desarrolle su capacidad de hacer que otras personas se sientan importantes. El mayor halago que puede hacerle a un individuo es ayudarle a ser útil y que encuentre satisfacción en su utilidad». Cuando una persona no se siente bien sobre sí misma, nunca creerá que es exitosa, no importa lo que logre. Pero una persona que se siente que vale está lista para el éxito.

- *Todos necesitan y responden al estímulo*. Una de mis citas favoritas pertenece al industrial Charles Schwab, que dijo: «Aún no he encontrado al hombre, no importa cuán elevada sea su posición, que no haga mejor trabajo y haga un mejor esfuerzo bajo un espíritu de aprobación que bajo un espíritu de crítica». Si su deseo es levantar a otra persona, entonces necesita convertirse en uno de sus apoyos incondicionales. La gente puede decir cuando usted no cree en ellos.

- *La gente tiene una motivación natural*. He encontrado que la gente tiene una motivación natural. Si tiene dudas al respecto, solo mire a los bebés cuando aprenden a caminar. Van por todos lados. Tienen una curiosidad natural y usted no puede lograr que se queden quietos. Creo que ese sentido innato de motivación continúa en los adultos, pero en el caso de muchas personas ha sido golpeado por la falta de apoyo, la prisa, las tensiones, las malas actitudes, la falta de aprecio, la escasez de recursos, una educación pobre o una comunicación defectuosa. Para que la gente se estimule a crecer hacia su potencial, usted necesita remotivarla. Cuando usted les ayuda a vencer las cosas viejas que los tenían en el suelo, a menudo se motivan solos.

- *La gente sigue al individuo antes que al líder*. Muchas personas sin éxito que han tratado de dirigir a otros tienen la creencia equivocada de que la gente los va a seguir solo por que su causa es buena. Pero así no es que funciona el liderazgo. La gente solo le seguirá si cree en usted. Este principio aun se aplica cuando usted se ofrece a desarrollar a otras personas y a elevarlas a un mejor nivel.

Mientras mejor entiende a las personas, mayor es su posibilidad de tener éxito como mentor. Y si tiene bien desarrolladas sus destrezas para tratar con la gente y una genuina preocupación por los demás, es probable que el proceso se dé en forma natural.

CÓMO LLEVAR A OTROS EN UN VIAJE QUE LES CAMBIE LA VIDA

Sea que tenga el don de interactuar positivamente con las personas o que le cueste trabajo hacerlo, usted es capaz de ser mentor de otros y llevarlos a un nivel superior. Les puede ayudar a ir en el viaje del éxito con usted en tanto que usted siga creciendo como persona y como líder.

Estos son los pasos que deberá dar para llevar a la gente en este viaje; uno que cambiará sus vidas para siempre:

1. *Haga del desarrollo de las personas su principal prioridad*

Si quiere tener éxito en el desarrollo de las personas tiene que hacer de esto su prioridad. Siempre es más fácil deshacerse de las personas que desarrollarlas. Si no lo cree, pregúntele a cualquier patrono o abogado en divorcios. Pero muchas personas no se dan cuenta que aunque deshacerse de otros es fácil, también tiene un precio muy alto. En los negocios, los gastos vienen de la productividad perdida, los gastos administrativos de despedir y contratar y de una baja moral. En el matrimonio, frecuentemente el precio es una o más vidas quebrantadas.

Aprendí esta lección en mi primer pastorado. Mi deseo era edificar una iglesia grande. Pensaba que si lo hacía sería un éxito. Cumplí la meta. Una pequeña congregación de tres personas llegó a más de 250, y lo hice en una pequeña comunidad rural. Pero lo hice todo yo mismo, con la ayuda de Margaret. No desarrollé a nadie. Como resultado, solo tuvimos éxito en los lugares que toqué; recibíamos quejas de los lugares que no toqué; y todo se desmoronó después que me fui de allí. Tuve éxito pero solo por un momento. Y no produje un éxito duradero para nadie.

De esa experiencia aprendí mucho y en mi segundo cargo pastoral, puse como prioridad desarrollar a otros. En un periodo de ocho años, desarrollé a treinta y cinco personas, y ellos edificaron esa iglesia y la hicieron exitosa. Después que me fui, la iglesia siguió siendo tan exitosa como cuando yo estaba porque estos líderes pudieron llevarla adelante sin mí. Si quiere hacer la diferencia en la vida de los demás, haga lo mismo. Dedíquese a desarrollar personas y a llevarlas consigo en su viaje.

2. *Limite la cantidad de acompañantes*

Le guste o no, usted no puede llevarlos a todos en el viaje del éxito. Cuando comience a desarrollar personas, piense que el viaje es similar al de un avión pequeño. Si trata de llevar consigo a muchas personas, nunca despegará. Además, su tiempo es limitado y tiene más sentido enseñar a unos pocos cómo volar y alcanzar su potencial que mostrarle a un gran grupo lo suficiente para solo saciar su apetito.

> **Debe invertir el 80% de su tiempo en desarrollar solamente al mejor 20% de las personas que le rodean.**

Cuando enseño seminarios de liderazgo, siempre enseño lo que se conoce como el Principio de Pareto (80/20). En pocas palabras, dice que si enfoca su atención en el mejor 20% de cualquier cosa que haga, obtendrá un 80% de ganancia. Cuando se habla de desarrollar personas, usted debiera invertir el 80% de su tiempo en desarrollar solamente al mejor 20% de las personas que le rodean. Aquí debe incluir a las personas más importantes de su vida, tales como su familia, y las personas con más potencial. Si trata de aconsejar y desarrollar más gente que esa, va a abarcar demasiado y va a perder fuerza.

3. Desarrolle relaciones antes de comenzar

Los mentores cometen el error común de tratar de dirigir a otros antes de desarrollar una relación con ellos. Mire a su alrededor y verá que esto ocurre todo el tiempo. Un gerente nuevo comienza a trabajar en una empresa y espera que quienes trabajan en ella respondan a su autoridad sin cuestionamiento. Un entrenador pide a sus jugadores que confíen en él y le sigan sin vacilación, cuando ni siquiera se conocen. El padre divorciado que no ha visto sus hijos por varios años reinicia el contacto con ellos y espera que le respondan automáticamente, aun cuando todavía no han tenido la oportunidad de reconstruir una relación. En cada uno de estos casos, el líder espera hacer un impacto en la gente antes de establecer una relación. Quizás los seguidores obedezcan lo que pide el líder, pero no le seguirán más allá.

Los mejores líderes entienden el importante rol de las relaciones cuando se trata del éxito. Por ejemplo, Lee Iacocca le preguntó una vez al legendario entrenador de los Green Bay Packer, Vince Lombardi, qué se necesitaba para hacer que un equipo fuera ganador. Esta fue la respuesta de Lombardi:

> Hay muchos entrenadores con buenos equipos que saben los fundamentos del juego y tienen una disciplina férrea, pero no ganan los partidos. Aquí es donde entra el tercer ingrediente: si van a jugar juntos como un equipo, deben preocuparse los unos por los otros. Tienen que quererse entre sí. Cada jugador tiene que pensar en su compañero y decir: «Si no detengo a ese hombre, le va a quebrar una pierna a Pablo. Tengo que hacer bien mi parte para que él pueda hacer su jugada».
>
> La diferencia entre la mediocridad y la grandeza es el sentimiento que tienen el uno por el otro.

Ese concepto no se aplica solo al fútbol. Se aplica también a individuos que van juntos en el viaje del éxito. Si las relaciones no van primero, no llegarán lejos en el viaje.

Mientras se prepara para desarrollar a otras personas, dedique tiempo a conocerse mutuamente. Pídales que le cuenten su historia; lo que ha sido su viaje hasta este punto. Descubra lo que les molesta, sus fortalezas y sus debilidades, su temperamento. Pase algún tiempo con ellos fuera del ámbito donde normalmente los ve. Si trabajan juntos, practiquen juntos algún deporte. Si se conocen en la iglesia, reúnanse en el lugar de trabajo. Si estudian juntos, pasen algún tiempo juntos en la casa. Usted puede usar este principio en su hogar, con su familia. Por ejemplo, si dedica tiempo a sus hijos fuera de su ambiente cotidiano, aprenderá mucho acerca de ellos. Desarrollará su relación en una forma nueva, y le ayudará a crecer.

Otra ventaja de edificar relaciones con las personas antes de iniciar el viaje es que descubrirá el tipo de «compañero de viaje» que tendrá. Si alguna vez ha viajado con alguien que terminó por desagradarle, entonces sabe lo difícil que puede ser esta situación. Por ejemplo, Stephanie Wetzel me contó de un viaje que hizo hacia una comunidad rural indígena en México. Ella y otras dos jóvenes se alojaron con una familia de la localidad en una comunidad campesina completamente primitiva. No había refrigeración para sus alimentos y no tenían instalaciones sanitarias en el interior de la casa. Tampoco tenían instalación sanitaria fuera de la casa. Cuando la naturaleza llamaba, tenían que ir al campo de maíz de la familia.

Una de las compañeras de viaje tenía una actitud terrible e hizo de esa experiencia un suplicio para todas. Todo el tiempo se la pasó quejándose. No le gustaba la gente ni la casa. Cuando la familia les servía pollo —lo que era un cumplido y un sacrificio puesto que ellos mismos tenían que matarlo— se negaba a comer. Ella resultó ser el prototipo de una norteamericana desagradable.

Cuando decide llevar a otros en su viaje del éxito, escoja personas con las que espera pasarla bien. Luego trate de conocerlas para verificar su elección. Es la mejor manera de ser eficaz y dis-

Dé por el placer de dar.

frutar del viaje.

4. Dé ayuda incondicional

Cuando comience a desarrollar personas, nunca debe ir con

la idea de obtener algo a cambio. Esta actitud se volverá en su contra. Si espera recibir algo a cambio, y no lo recibe, sentirá amargura. Y si recibe menos de lo esperado, lamentará haber gastado su tiempo. ¡No! Usted debe entrar en el proceso sin esperar nada. Dé por el placer de dar, por el gozo de ver que otra persona aprende a volar. Cuando lo ve de esa forma, puede mantener una actitud positiva. Y cuando reciba algo a cambio, será una maravillosa situación en la que ambos ganaron.

5. Permítales volar con usted por un tiempo

Quiero compatir un secreto con usted que le garantizará su éxito como mentor. ¿Está listo? Es el siguiente: *Nunca trabaje solo.* Sé que suena demasiado simple, pero es el verdadero secreto para desarrollar a otros. Siempre que quiera transmitir algo a otros, lleve a alguien con usted.

Para muchos de nosotros esta no es una práctica natural. El modelo de aprendizaje que la mayoría de las personas usa en Norteamérica para enseñar a otros nos llegó de los griegos. Es el enfoque del aula cognitiva, como el que usó Sócrates para enseñar a Platón, y Platón para enseñar a Aristóteles. El líder se pone de pie y habla haciendo preguntas o dictando una conferencia. El seguidor se sienta a sus pies y escucha. Su meta es comprender las ideas del instructor.

Pero ese no es el único modelo disponible para desarrollar a otros. Tenemos también el usado por otra cultura antigua: la hebrea. Su método era más del estilo de entrenamiento en el trabajo. Se basaba en las relaciones y experiencias comunes. Es lo que los artesanos han hecho por siglos. Toman aprendices que trabajan con ellos hasta que dominan su arte y son capaces de transmitirlo a otros. Su modelo es más o menos como sigue:

- *Yo lo hago*. Primero aprendo el trabajo. Tengo que entender el porqué además del cómo y tratar de perfeccionar mi artesanía.
- *Yo lo hago, y usted observa*. Hago la demostración mientras

usted observa, y durante el proceso, explico lo que estoy haciendo y el porqué.

• *Usted lo hace, yo observo.* En cuanto sea posible, cambiamos los roles. Le doy el permiso y la autoridad de hacer el trabajo, pero estoy a su lado para ofrecerle consejo, corrección y estímulo.

• *Usted lo hace.* Una vez ha adquirido la habilidad, doy un paso para atrás y lo dejo que trabaje solo. El aprendiz ha entrado en un nivel superior. Y tan pronto está en ese nivel más alto, el maestro es libre para continuar hacia cosas más elevadas.

En todos los años que he estado equipando y desarrollando a otros, no he hallado un mejor modo de hacerlo que así. Y hace ya mucho tiempo, cuando me preparo para cumplir uno de mis deberes, tengo por costumbre llevar conmigo a la persona que quiero equipar para la tarea. Antes de hacerlo, conversamos de lo que va a ocurrir. Y después, discutimos sobre lo que hicimos.

Quizás usted ya haya hecho esto con algunas personas. Si no lo ha hecho, inténtelo porque realmente funciona. Solo recuerde incluir a otros en el proceso de planificación. No querrá terminar yendo solo ni llevándose con usted a la primera persona disponible. Su meta es dedicar tiempo a personas que tiene el propósito de desarrollar. Seleccione siempre personas que sean adecuadas para las tareas según sus fortalezas. Cualquiera que pase demasiado tiempo trabajando en un área en la que es débil, se frustrará y se quemará. Pero una persona desarrollada en un área en la que es fuerte, será lanzada con una catapulta hacia su potencial.

6. *Ponga combustible en sus estanques*

Nadie llega muy lejos sin combustible, y esto significa recursos para su continuo crecimiento personal. Cualquier mentor puede darle ese valioso regalo a alguien que esté desarrollando. Muchas personas no saben dónde hallar buenos recursos o qué clase de materiales seleccionar, especialmente cuando están en el punto de partida.

Manténgase en la búsqueda de buenos materiales en las áreas de interés de otras personas.

Regularmente comparto libros, casetes y videos con las personas que estoy desarrollando y equipando. También disfruto enviándolos a seminarios. Mi meta es siempre «poner algo sobre la mesa» cuando comparto con alguien, sea un empleado, un colega o un amigo. Siempre quiero ser para ellos una persona que provee recursos.

Usted puede hacer lo mismo en favor de otros. Comience por compatir con ellos libros y casetes que hayan cambiado su vida. Manténgase en la búsqueda de buenos materiales en las áreas de interés de otras personas. Es muy emocionante poner en las manos de otros un recurso que puede ayudarles a avanzar al siguiente nivel.

7. Quédese con ellos hasta que puedan seguir solos exitosamente

Me han dicho que todo el que estudia para piloto espera con expectación —y con un cierto grado de temor— su primer vuelo solo. Pero un buen instructor de vuelo no permitirá que su estudiante vuele solo antes de estar listo, ni evitará que su estudiante vuele solo cuando ya está preparado. Supongo que usted podría decir que esa es la diferencia entre un verdadero mentor y uno que no lo es. Es más o menos el tipo de diferencia entre un instructor de vuelo y un agente de viajes. El primero se queda a su lado y le guía a lo largo del proceso hasta que está listo para volar. El otro, le entrega un boleto y le dice: «Que tenga un buen viaje».

A medida que desarrolla personas, recuerde que usted les está *llevando* en su viaje del éxito, no los está *enviando*. Esté con ellos hasta que estén listo para volar. Y cuando estén listos, déjelos seguir su camino.

8. Limpie la ruta de vuelo

Aun después de enseñar a las personas a volar, de proveerles el combustible y de darles permiso para tomar los controles, algunos consejeros no dan el último paso requerido para convertirlas en personas exitosas. No le dan un plan de vuelo sin obstáculos. Por lo general no restringen intencionalmente a la persona que están desarrollando, pero de todos modos ocurre.

A continuación, algunos de los obstáculos más comunes creados por los mentores y que afectan a los líderes potenciales:

- *Falta de una dirección clara.* Muchas veces un líder potencial consigue un mentorr y aprende a hacer su trabajo, pero luego se le deja a la deriva, sin dirección de parte de su líder.
- *Burocracia.* Aprende cómo trabaja y piensa su líder, y luego entra en un sistema burocrático que reprime el espíritu innovador que el mentor acaba de engendrar.
- *Aislamiento.* Todo el mundo necesita una comunidad de personas con quienes compartir y de quienes recibir apoyo. Si el mentor no lo provee, el nuevo líder no lo tendrá.
- *Trabajo sin sentido.* El trabajo en el que no se percibe valor alguno desmoraliza y quita la motivación de la persona.

  Comunicación mala o deshonesta. Una agenda que no se comunica con honestidad a la persona en desarrollo, impide la relación y confunde al líder potencial.

Cuando haya iniciado el desarrollo de una persona, verifique que no esté dejando obstáculos en su camino. Déle instrucciones claras, un apoyo positivo y libertad para volar. Lo que usted hace puede hacer la diferencia entre el fracaso y el éxito. Cuando tienen ellos triunfan, el triunfo es suyo también.

9. *Ayúdeles a repetir el proceso*

Después de hacer todo por ayudar a su gente, y que ellos han emprendido el vuelo, usted podría pensar que ha acabado su tarea. Pero no es así. Todavía falta un paso para completar el proceso. Tiene que ayudarles a aprender a repetir el proceso de desarrollo y de enseñar a otros a volar. No hay éxito sin un sucesor.

El gran gozo de mi vida es ver cómo los líderes que he ayudado a desarrollar y he equipado, repiten el proceso con otros. Debe ser similar al gozo que un bisabuelo siente al ver las generaciones que se han levantado en su familia. Con cada generación, continúa el éxito.

Este proceso de reproducción se ha convertido en el patrón de mi vida. Por ejemplo, cuando llegué a San Diego en 1981, contraté una asistente llamada Bárbara Brumagin. La preparé, le enseñé todo lo que necesitaba saber para maximizar mi tiempo y mis talentos. Estuvo conmigo once años. Pero antes de irse, ella preparó a Linda Eggers, que es actualmente mi asistente. Linda ha estado conmigo durante ocho años, y está en el proceso de apoyar y equipar a Lorena Lane.

He hecho lo mismo con Charles Wetzel. Dediqué tiempo a enseñarle cómo pensar e investigar según mis métodos, y le he dado recursos para ayudarlo a mejorar como escritor. Él a su vez ha servido de mentor a su esposa Stephanie. Ahora ella también escribe y edita para mí en INJOY.

Pero el caso más notable de desarrollo ha sido definitivamente Dan Reilans, quien fue mi pastor ejecutivo durante varios años. Los primeros ocho años que trabajó para mí, dediqué mucho tiempo a su desarrollo. Luego durante los siguientes seis años, asumió la responsabilidad de aconsejar y equipar a todo mi personal. Además, ha desarrollado por su cuenta a otro centenar de personas. Ahora algunas de esas personas, como Glenn Finch y Don Moser continúan el proceso produciendo otra una nueva generación de líderes exitosos.

Los efectos positivos de desarrollar a otros son notables. Pero usted no tiene que ser una persona excepcional ni especialmente dotada para servir de mentor a otros. Usted puede levantar personas a su alrededor y enseñarles a volar, como yo lo he hecho. Se necesita deseo y compromiso con el proceso, pero es la parte más gratificante del éxito. Una vez que la gente aprende a volar pueden ir a casi cualquier parte. A veces cuando andan volando alto, le ayudan también a usted.

En el capítulo 6 mencioné que Margaret y yo hemos ido a Israel varias veces y hemos llevado con nosotros a grupos para que conozcan la Tierra Santa. Una de las mejores partes de todo el proceso es la planificación del viaje y la preparación de la gente para ir. Pasamos meses haciendo que se preparen. Nos reunimos periódicamente para enseñarles lo que van a ver. Tratamos que equipar a los viajeros menos experimentados para que estén preparados para los largos vuelos en avión y los recorridos en autobús. Les hablamos de los cambios culturales que experimentarán. Además, fortalecemos las relaciones mutuas. Todo el proceso hace dos cosas en favor de ellos: les da una sensación de seguridad sobre el viaje, y crea una increíble expectativa, ambas cosas ayudan a que la pasen mejor.

Lleve a otros con usted y ayúdeles a cambiar su vida para mejor.

Pero, aunque usted no lo crea, nuestra meta principal no es que tengan unas vacaciones placenteras. Nuestro mayor deseo es que crezcan. Queremos que el viaje les cambie la vida.

Esta debería ser su meta cuando emprende el viaje del éxito.

Lleve a otros con usted y ayúdeles a cambiar su vida para mejor. Nada en la vida es más divertido, ni tiene una recompensa mayor. Nunca lamentará el tiempo que invierte en la gente.

PASOS PARA DAR EN EL CAMINO: ¿Qué debemos hacer en el camino?

1. Cómo identificar las áreas de desarrollo: Ahora es el momento de desarrollar una estrategia para servir de mentor a las personas que seleccionó en el ejercicio del capítulo 9. Use la tabla que sigue para pensar en la forma de desarrollar a personas que le rodean:

Nombre de la persona	Fortaleza más evidente	Área para desarrollar	Recursos para compartir

2. Cómo hacer parte de su rutina desarrollar personas: Durante el próximo mes, haga planes para dedicar tiempo al desarrollo de los miembros de su familia y a las principales personas en otras áreas de su vida (trabajo, iglesia, etc.). Usando la tabla anterior y su calendario, programe tiempo para aconsejar a cada persona. No olvide llevar consigo a personas que usted intenta desarrollar mientras realiza diversas tareas.

Cada vez que prepare su programa adquiera la costumbre de anotar en su agenda o calendario las iniciales de la persona que usted quiere que lo acompañe. Además, reserve tiempo para seleccionar y reunir los recursos que quiere compartir con las personas.

3. Planificación mensual: Separe un bloque de tiempo en su calendario del próximo mes para repetir el proceso. Siga repitiéndolo mientras desee continuar desarrollando a otras personas.

¿QUÉ FUE LO QUE MÁS LE GUSTÓ DEL VIAJE?

En el capítulo 5 dije que a los diecisiete años empecé a leer con la meta de crecer personalmente, y comencé a coleccionar citas y artículos para uso futuro. Sabía que la disciplina para realizar estas tareas era necesaria para cumplir mi propósito y alcanzar mi potencial. Era especialmente importante en mi profesión en que se requeriría que hablara y escribiera. Más de treinta años han pasado desde que inicié dicha práctica, y he echado mano de ese conocimiento y al material que archivadoa casi a diario.

Y eso es lo que he hecho al escribir este libro. Tomé información de cosas que he recogido, de experiencias personales y de material que he archivado a lo largo de los años. Este libro no fue creado cuando fue publicado. Tampoco fue creado cuando escribí el manuscrito. Fue escrito en periodo de treinta años. Como el éxito, este libro ha sido un viaje en proceso.

Ahora usted sabe lo que es emprender el viaje del éxito. Espero que tenga un fuerte sentido de su propósito, que entienda lo que significa crecer hacia su potencial, y esté listo para comenzar a sembrar semillas que beneficien a otros, si es que todavía no ha comenzado. Pero antes de terminar nuestro breve viaje juntos, tengo que hacerle otra pregunta. Es la misma pregunta que he hecho a mis hijos cada vez que hemos llegado al final de un viaje: «¿Qué fue lo que más te gustó del viaje?»

¿Sabe algo?, el peligro con cualquier libro es que la persona que lo lee dé vuelta a la última página, lo deje a un lado y nunca más se acuerde de él. Por cierto, espero que eso no ocurra en su caso, pues quiero que las ideas que he presentado cambien radicalmente su vida.

Esa siempre fue mi meta dondequiera que llevara a mis niños: que sus vidas cambiaran. Quería que regresaran mejor de lo que salieron. Esa pregunta, «¿qué fue lo que más te gustó del viaje?», era algo que preguntaba para ayudarles a procesar y aplicar lo que habían encontrado en su viaje. Ahora le hago a usted la pregunta para ayudarle a procesar y aplicar los principios de *El viaje del éxito*.

> ## Quiero que las ideas que he presentado cambien radicalmente su vida.

Desafortunadamente, no me es posible sentarme a su lado para conversar sobre el viaje en la forma que siempre lo hago con mis hijos. Pero he incluido algo adicional en este libro que espero tome el lugar de dicha pregunta. Se llama «Mi plan personal para el éxito», y aquí puede registrar información que le ayudará a desarrollar su plan para descubrir y vivir su destino. Es algo que puede tener continuamente delante de usted para dirección, inspiración y crecimiento. Y justo al principio he escrito una pregunta para que usted responda: ¿Qué es lo que más me gusta del viaje? Reflexione en estas ideas, y mantenga continuamente ante sus ojos su cuadro del éxito.

Recientemente, conversaba con mi viejo amigo Stan Toler, y recordábamos sobre el viaje del éxito que emprendimos juntos. El viaje de Stan y mío comenzó hace muchos años atrás, cuando estábamos en la universidad. Al principio de la década del setenta, cuando estaba por contratar a la primera persona de mi equipo de trabajo, Stan era la persona que quería.

Stan ha recorrido un largo camino en su vida. Nació en una

pobre familia minera al oeste de Virginia. Cuando era joven su familia se mudó a Columbus, Ohio, a fin de intentar una mejor vida, pero no mucho después de su mudanza perdieron a su padre. Fue muy duro para ellos, pero él, su mamá y sus dos hermanos lograron sobrevivir.

Stan comenzó a trabajar como pastor en el grado once. Después que terminó la secundaria, siguió trabajando con la iglesia y aprendió el trabajo de barbero para ganarse la vida. Además se matriculó en el Colegio Bíblico de Circleville. El día que subió al estrado para recibir su diploma de la mano del presidente del colegio, Melvin Maxwell (mi padre), él era la primera persona de su familia que recibía una educación universitaria.

Sabía desde el principio que Stan estaba lleno de talento y potencial. Pero también vi que aun debía crecer en algunas áreas: su gramática era pobre (lo que es problema para una persona que tiene que hablar mucho en público), le faltaba confianza y tenía muy baja autoestima. Stan necesitaba algo de estímulo para que se diera cuenta de su potencial. Y yo quería darle lo más posible de ese ánimo.

Primero, le hice a Stan el gran valor que tenía. Cada día mientras trabajaba con él, traté de hacerle saber cuánto potencial tenía y cuánto creía en él. Le asigné tareas que sabía le harían crecer. Le animé a hablar en conferencias y que comenzara a actuar como consejero de otros. Y cuando pensó en renunciar a sus estudios, le animé a seguir creciendo y desarrollándose.

Hoy, Stan tiene dos bachilleratos, una maestría, un doctorado y recibió un doctorado honorario en divinidad. Continúa aceptando desafíos y sigue creciendo. Ha escrito siete libros, y pasa la mayor parte del tiempo enseñando y aconsejando a otros.

Creo que Stan podía haber hecho el viaje del éxito sin mi ayuda. Pero estoy muy contento de haberle dado una mano en el camino. Sé que él me ha ayudado a alcanzar niveles más altos. Me ayudó para tener éxito hace más de veinte años, cuando era el único empleado a mi cargo en Lancaster, Ohio y continúa ayudándome como parte del equipo ganador de INJOY. Está comprometido con mi visión, es parte del equipo creativo, y viaja de ciudad en ciudad enseñando a las personas a crecer. Stan es un éxito: Conoce su propósito, crece hacia su potencial y siembra semillas que beneficien a otros. Y por sobre todo ello, ha sido siempre un verdadero amigo.

Estoy aquí para estimularle y decirle que usted también puede lograrlo. Usted puede viajar por el camino del éxito. No sé donde se encuentra en el camino del éxito porque no he tenido el placer de conocerle personalmente. Sea que esté comenzando, se encuentre a mitad de camino o ya esté en la recta final, usted puede lograrlo. Puede viajar por el camino para el que fue designado, y puede terminar firme.

Hay muy pocas que valgan la pena tener en la vida que son fáciles. Pero si usted persevera, probablemente no pasará mucho tiempo antes que comprenda que verdaderamente tiene éxito. Al principio otros podrían no reconocerlo, y no va a recibir el crédito que merece. Pero mientras continúe creciendo y trabajando para lograr su propósito, probablemente llegue el momento cuando otros pensarán que usted es un éxito repentino y digan:

Sea que esté comenzando, se encuentre a mitad de camino o ya esté en la recta final, usted puede lograrlo.

«¿Cómo habrá logrado algo tan bueno en tan poco tiempo?» Y si se mantiene su orientación hacia el crecimiento y no hacia una meta, estará en el camino del éxito, y la gente podría darle aún más crédito que el que merece. Pero no importa lo que ocurra, siga avanzando en el viaje, fiel a su nueva definición de éxito. A medida que avance, asegúrese de llevar a otros consigo.

Quizás nos encontraremos dentro de tres, cinco o diez años. Las cosas habrán cambiado para ambos. Espero que entonces me diga que ha escalado más alto de lo que esperaba. Recordaremos juntos, como Stan y yo. Entonces le preguntaré nuevamente: «¿Qué fue lo que más te gustó del viaje?»